FESTIVAL INTERNACIONAL

DE POESÍA LATINOAMERICANA

2016

ANTOLOGÍA OFICIAL

DE POETAS PARTICIPANTES

Rossy Evelin Lima y Eréndira Santillana (EDS)

McAllen, Texas 2016

Title: Antología Oficial de Poetas Participantes: Festival Internacional de Poesía Latinoamericana

ISBN-13: 978-0692694114

ISBN-10: 0692694110

Design: © Latin American Foundation for the Arts

Cover & Image: © Latin American Foundation for the Arts

Editor in chief: Rossy Evelin Lima

Email: rossylima@feipol.us

All rights reserved. No part of this publication may be reproduced, distributed, or transmitted in any form by any means without the prior written permission of the Latin American Foundation for the Arts, except in the case of brief quotations embodied in critical reviews and other noncommercial uses permitted by copyright law.

ANTOLOGÍA OFICIAL

DE POETAS PARTICIPANTES

FESTIVAL
INTERNACIONAL
DE POESIA
LATINOAMERICANA

Latin American Foundation for the Arts

WWW.FEIPOL.US

Prólogo

Cada verso de un latinoamericano es un himno de unión que busca ser cantado.

Presentamos la antología inaugural del Festival Internacional de Poesía Latinoamericana, que, como un barco que atravesando el Pacifico o el Atlántico, el Suchiate o el Rio Grande/Río Bravo, encalla en nuestro puerto para compartirnos los tesoros de Latinoamérica hechos poema. Esta antología ofrece la voz unida de poetas latinoamericanos y tiene como escenario el Valle del Sur de Texas, la fluida frontera con México.

Treinta y siete poetas seleccionados por un comité imparcial dan muestra de la poética actual, de la palabra auténtica que se entreteje para alcanzar el cielo mientras sigue germinando en la tierra, a la orilla de un cause de agua. Seis poetas que son parte del nucleo organizador del festival y cuyo compromiso con la cultura latinoamericana se materializa más allá del oficio de la escritura. Esta antología es también engalanada con muestras de la poesía de los poetas de Honor del Festival, invitados a ser parte de FeIPoL por su trayectoria pero sobre todo debido a su labor social, al cambio que emergió de sus palabras. Sus ímpetus y caminos nos demuestran que si no existen espacios, la voz del poeta se alzará por entre el asfalto para crearlos.

Los siete poetas de honor son nuestro puente, se elevan erigidos con madera y barro para que esta y futuras generaciones crucemos hacia espacios inexplorados. La voz que rompe fronteras y representa a la mujer inmigrante/chicana en la poesía de Lucha Corpi, la poética de acción y la idea revolucionaria de que la poesía pertenece al espacio público de Armando Alanís

Pulido, el canto de mar y de sangre que agita la imagen de la mujer desde la Perla de los Mares en Mayra Santos Febres, el poema que se yergue en una nueva tierra y nos abre los ojos y el alma de Saúl Ibargoyen, la melodía decisiva que clama a la muerte y a la vida de Antonieta Villamil, el espejo de la sociedad que pulsa angustia y sed de Julián Herbert.

Esta antología inicia con la poesía del Poeta Laureado de Estados Unidos, Juan Felipe Herrera, quien por primera vez en la historia de este premio nacional es un México-Americano/ Chicano, con todo el peso de lucha social y cultural que este termino envuelve. La vida y obra de Juan Felipe Herrera son un parteaguas en nuestra cultura, en nuestra historia colectiva en Estados Unidos, que hoy gracias al esfuerzo de muchos otros poetas, piedras angulares en el movimiento Chicano, se revela con el prestigio y reconocimiento que merece.

Esta antología llega hoy a tu puerto, lector, y te trae noticias de un mundo nuevo, el que brota desde el fondo de un sólo corazón latinoamericano. ¡Que viva la América!

Rossy Evelin Lima

Co-editora

Presidente de Latin American

Foundation for the Arts

Agradecimientos

Extendemos nuestra gratitud a los directivos de FeIPoL y Latin American Foundation for the Arts: Mónica Raygada, Reneé Tamez, Gerald Padilla, Magaly González, Leticia Sandoval, Charo Violante, Consuelo Jones, Priscilla Suarez, Silvia Mar, Gaby Rico, Jazmín Rodríguez y Violeta Rodríguez. Todos ellos son personas comprometidas con brindar a la comunidad cultura, arte y la visión de un espacio de expresión que haga trascender el potencial que ofrece el área del Sur de Texas. Gracias a su entrega, dejamos aquí nuestro grano de arena. Nuestras manos han dejado de ser sólo eso, se han convertido en eslabones de fuerza debido a la dedicación que ustedes han dado generosamente a este proyecto.

-Rossy Evelin Lima y Eréndira Santillana, Co-editoras

What is race
but a bound
for resistance,
a call to struggle
for liberation

-Francisco X. Alarcón

Celebramos a aquellos
que marcharon en la noche
para hablar de paz.

-Juan Felipe Herrera

Juan Felipe Herrera
United States Poet Laureate

Ochre Yellow Green Stone Huichol Campo

Tied to you & then not tied then unwound & then painted then
Told not told & not told then risen & painted

Let's See:

Ochre yellow green stone Huichol camp
pinkyarn pressed wax from Campeche
Tipeyote Tipeyote Giver of Vision we walk
Peyoteros Peyoteros
we know walk we walk we walk

At the
The edge
At the edge
At the edge of the city were there is no city for us you now
   Where retreat is city & hole adobe is city & fence & dirt is

See this string
Take this string
Pull this string
Turn this string
Walk away pull & pull & pull & twine & take estambre you with
Me

Sit
Now you (this is how you find how you walk find you find walk life
Who knows this? You will know)

Sit now you
Sit
I sit you sit
I sit you sit. & turn this string this color sky fire grandfather Fire
string
Grandfather Tatewarí first story of our nation string fire string
So
Soso it can flame story so it can flame you back First People
          so you can tell story on the wall in the sky

Ahh ahh ahh
Ohh ohh ehh sheee shee up mountain

Federico García Lorca & The Angels of Celery

It is all green --
Listen to me:

See that explosion of cloud & leopard
Of rebel dove & desolate wheels on the zapped corner
You can sew it in -- here, with

60's Buttons &
Paisley patch & an asparagus wig from Ginsberg's supermarket,
Remember Whitman in there? That's him,
Call the crimson bull decorated in moon love & jasmine & after-
noon clocks
Call, please. You must do it. You must do it now you must
See this see this in La Plaza of Viges where Mama Rumba was born

& her castanets of future sands & revolutionaries
& her belly timing the cosmos of Blacks & Spaniards so

We are here now, Federico
We are scrubbing the ancient palaces with
Your angels of celery your neon-neon heads ragged in Afro-Cuban-
ismo
In Afro-Urban-Hip-Hop Chekere bead

Put it here, smear it there
Paste it out, crawl into it & fold up
With your ecstasy bodies of lily-shaped horns & daybreak blood

No puedes poner a Muhammad Ali en un poema

Traducido al español por Lauro Flores

De hacerlo --

te

noquearía (recuerda a Liston) y

si

estuvieras

aún de

pie   tendrías

que

salir corriendo (recuerda la Marcha en Washington)

de tu trémulo y acorazado

pobre pensante ser (¡oh, sí!)

y transformar (¡correcto!)

este gran mundo (¡dilo!)

y si   lo hicieras – Tú (sí, tú)

tendrías que batallar con palabras y rimas, con cuerpo y
tiempo -- por

tu Nueva Idea – (¿te has enterado?) tendrías

                         que

aguantar (te escucho) y propongo (¿qué?)

               un nuevo nombre para   todos

(¿un nuevo nombre?)

podría ser Paz

      podría ser Unidad (suena fácil)

pero este poema   no puede

                    proveer

                    ni   contener esa

Palabra   -- (¡Cuidado!)

¡aquí viene! Y

        (va a picar como una abeja)

Y en su hueco húmedo y tibio
acunan las pequeñas y grandes esperanzas
de un mundo sin color y sin fronteras.

-Lucha Corpi

Lucha Corpi

Claroscuro: Loma Prieta

¿Cómo se empieza siquiera
a imprimir la angustia
de los padres que esperan
al pie de la autopista derrumbada?

¿Cómo se interpreta el universo
que se conmueve,
se ensancha de dolor
y vibra herido
entre el latido y la losa
de un corazón agonizante?

¿Cómo se perfila el dolor
en el enfoque
del lente telescópico,
o el claroscuro de una lágrima
en la retina metálica
o se mide la luz dispersa
de un brazo separado de su espíritu?

El corazón poeta
atento sólo al color de la sangre
responde concreta y claramente
con sus miles de brazos y abrazos,
manos llenas de pan, leche y abrigo,
que escarban sin miedo de arruinarse
las pulidas uñas,
que lavan heridas y secan lágrimas,
y en su hueco húmedo y tibio
acunan las pequeñas y grandes esperanzas
de un mundo sin color y sin fronteras.

Memorial II

Enero perseguirá dragones
por las calles del barrio chino
y murales de recuerdos en la Misión
Llegará febrero carnal
entre canciones de Lara
y cenzontles en celo
café cargado después de una noche
de rumba y mambo y piel sin fin
Marzo cuaresmal nos encontrará
en la plaza comiendo mojarra frita,
capirotada
y dulce de piña y coco

Una vez más arribará y partirá
la estación primera
ese abril obstinante
lleno de orugas golosas
ese mayo de sueños alados y frondosos
y un junio de deseos redondos y jugosos

Pasarán julio y agosto
repletos de inmensidades agridulces
Septiembre se despedirá entre acotaciones
trás bambalinas y ensayos de naufragio
y nos despedirá entrelíneas octubre
al tahui-rezo de amor del lobo por la luna

Despegará noviembre
con su frágil cordura
sus memorias y altares
y sus flores de muerto

Callarán entonces los cenzontles
y las golondrinas buscarán nuevo nido
en los aleros rojos de diciembre
y en los blancos faros del puerto.

Mas tú, Poeta
Cocuyo de noches tapatías
Corazón intempestivo
tú, Francisco X. Alarcón,
tú siempre andarás conmigo.

Canción de Invierno

A Magdalena Mora
       (1952-1981)

En un abrir
y cerrar de ojos
lleno
de magia
relojes
y sueños viejos
llega el invierno:

El viento rumora melancólico
como el todoencalma del sereno
que velaba la casa de mis padres
--ahí vuelvo cada invierno
para no olvidar quién soy
ni de dónde vengo.

Cantando baja la lluvia
a su destino de mineral y semilla.
Entre el hueco del ala que se extiende
y el entrecerrar de la mirada que descansa
aprendemos a amar en instantes y entregas
y entre la pregunta íntima de la noche
y la respuesta dulciobscura de la madrugada
gestamos dolorosamente una nueva vida.

Nada hay fijo ni perenne
ni la lluvia
ni la semilla
ni tú
ni yo
ni nuestro dolor
en este mundo que sangra
porque vamos siempre tirando senda
abriendo brecha por caminos desconocidos
venciendo la furia del olvido verso a verso.

Paola Authiêvre

Le Mot

«A cada uno la palabra que le cantó y quedó helada»
-Paul Celan, Argumentum e silentio

La palabra
astilla de vapores mudos
en el río congelado de la memoria.
La tardía
la parida
la necesaria
la que grita
en el periódico de ayer
entre los senos de la modelo
y el pequeño masacrado.
La ebria de absenta
en los labios de Rimbaud
y en el sexo de su amante.
La palabra
gota de agua
transformándose en río.

Solitude

I

¿A qué viene la soledad a esta hora?
Se enreda entre mis sábanas y araña mi vientre
anudando este vacío a la palabra
náusea de los recuerdos.
«...Hoy es domingo... »
y se me ha llenado la boca de cenizas.

II

Desnuda corre por el pasillo,
se revuelca en las alfombras
y afila su navaja... Abre mi pecho
llevándose mis pájaros invisibles
y vuelve, siempre vuelve...
a la hora en que las sombras abrazan la niebla.

Rituales

A veces es necesaria la certeza
con su faro
sus veredas y calles
paradojas y sueños.
A veces es necesario
arrancar las flechas y los siglos
del corazón del hombre.
A veces es necesario abrirse el pecho
y derramar el rito de los pájaros
la luz y sus sombras.
A veces es necesario...
salir del laberinto
con la sonrisa del relámpago.

Abel Badillo

La misteriosa emigración de las aves

Cuando lleguen las golondrinas
volveré a buscarte
ahora no, ahora duele mucho.

Cuando vea los cardenales
y los arrendajos azules
zambullirse en los charcos del patio
volveré a pensar en ti
ahora no, ahora quema.

Cuando vea los ganzos silvestres
graznar desde las alturas
pensaré que se acerca el momento
pero ahora no.

Cuando la paloma de ala blanca
regrese de pepenar en los sembradíos, hacia el monte
el otoño viene
y las hojas caen sobre la herida.

Ahora no quiero pensar en ti
estoy ocupado llorándote.

GT1

No es sacrificio si consigue nada
pues lo que tú y yo tuvimos mensajera
fue una promesa oblicua de madera
grabada con fuego una alborada.

Sin embargo, sin sol y sin mañana
sin aurora, ni fin de la condena
ni un amén al sortilegio de plegarias
se levantó de nuevo la esperanza.

Y es que al verte a ti con tu equipaje
que mi mismo tren mágico abordabas
decidí contigo mi alma te llevaras.

Y es que me vi contigo en ese viaje
y la oblación de poesía que exhalabas
redención a mi neuma propinara.

Vacío

Las nubes desfilaron ante mí en tercera dimensión, como si fueran naves en un mar pacífico. Al fondo un cielo azul, límpido; pintarrajeado sobre él un grafiti de cirros leves, blancas, y al frente, muy cerca de mí, casi al alcance de mi mano, las nubes moviéndose lentamente, cumulonimbos grises, plomas, blancas, inalcanzables, vaporosas, petrificadas.
Hoy fue un buen día, hoy las nubes desfilaron delante de mí en tercera dimensión.

Tania Barringer

Noche

Con el silencio, se borran las ideas.
Con tu ausencia, se borra tu recuerdo.
Pero tus besos, esos besos intensos, dulces, pegajosos, ¡esos!
Esos se quedan tatuados a tu sombra,
que camina de un lado a otro,
desesperada, intranquila,
cada que la luna llena sale y alumbra.
La noche en silencio, observa,
disimula no alcanzar el cielo,
si no es con tus latidos,
te piensa y te recuerda la noche,
que atrapa la sobra,
brazos de cielo que se estiran,
para alcanzar tu pecho,
tus latidos, que bailan una vez más
al ritmo de tus silencios, llamado olvido.
Yo, repito tu nombre y el eco de tus latidos
hace brotar mis lágrimas en la negra noche sin ti.

Final

Ardiente se esconde el sol cada noche,
La luna, temerosa, comienza su camino,
no hay lágrimas que la detengan,
no hay cielo que no la toque,
sola,
en pausas,
constante, blanca, inmensa, inmaculada.
La noche avanza y ella sola llega a su final.

Escalofrío

Cuando te vi,
tan roja, brillante, luminosa.
Rojo pecado es tu color, rojo sangre derramada,
de esos labios que, al besar, mordí.
Todo se detuvo, el cielo comenzó a sonreír.
Te quité tus pétalos; te quité el aliento; ahora somos uno.
Sacaste tu corazón para llenar el vacío de mi pecho.
Mi mirada se fundió en tus ojos.
Ya no hay tiempo.
Cuando cruzas la puerta mis brazos entre el final y el cielo.

Rebecca Bowman

Sin título

Hijo que no fuiste,
que saliste con la marea,
que no llegaste nunca a ser,
hijo mío, al que quiero
en tu inexistencia cabal,
mi corazón late por ti,
mis ojos por ti ven el mar,
por ti mis manos buscan la caricia,
por ti persisto y persisto y persisto,
roca seca sin lágrima ni cantar,
playa desolada,
que terca aguanta
en espera de dar
sin poder dar.

Sin título

No vi las estrellas más que del mirador
ni fui más lejos que el manzanar.
Mi día fue amasar pan, barrer, lavar,
mi noche labrar sobre el bastidor.

Nací mujer y mi destino se selló
no con mi cuerpo sino con tu puño.
Lo que es se vuelve regla y ley,
el cautivo esclavo, el tirano rey.

De rodillas recé, de rodillas viví,
encogiendo mi cuerpo, mi espíritu,
cerrando mi mirar sobre un cirio,
abriéndome sólo a tu pedir.

No vi las estrellas más que del mirador
ni caminé jamás bajo los olivos.

Sin título

Entras tú, Nuria con el regalo en la mano, con tu suéter color guindo, tu suéter relavado, reusado, que sin embargo es bello porque lo rellenan tus curvas. Entras tú Nuria y me besas con tu beso de siempre, tu beso pleno y enamorado, tu beso generoso al que apenas responden mis labios reacios, mis brazos cobardes, pues yo con el dolor ¿qué te doy a ti? ¿A tu inocencia, tu llenura de belleza, tu risa de bacante? ¿Qué te doy yo con mi corazón marchito, con mi vida refrenada? Entras tú Nuria y tus pies hacen chirriar mi piso de madera, mi casa color celeste encima de la loma y miro bajar el sol y te miro en tus ojos y deseo todo lo que ofreces sin poderte regresar ni siquiera tantito porque este corazón mío no tiene en sus repliegues ni cariño ni nada. Entras tú Nuria con la pisada firme, con tus manos de hueso delgado, con tus tres pecas en la nuca y con tu entereza. No te la sé regresar. Disculpa mi tardanza, mi temor, mi cobardía, entra tú Nuria, sigue entrando, quizás algún día te sepa querer.

Christopher Carmona

1.there's blood in my rust. it's been there for as long as I can re-member. like gas in tears. it stings when I see. and cries when I blink.

2.shade me. tell me I am anything. tell me I still cast shadows. tell me the flames did not devour me. tell me I am still ash in the wind.

3.la hielera. mylar sheet blankets. light never sets. time frozen. no place to wash the dirt of your soul. no place to feel human. no place.

4.I long for voice to stand bare before ears. silence stands blindly clothed. fear shames words into metaphor coats. only a match can save us.

5.dígame. estoy escuchando. I will drink up all your ills. & leave you unburdened like an empty. wine. bottle. sucked dry. always thirsting.

1.searching for my soul. they use knives. cut through skin. blood. muscle. organs. find nothing. they dig deeper. one stab at a time un-til...

2.Am I a fly to the lightbulb? Or am I a ghost in search of life? Is the bright blue light singing? What will happen when when I reach it? (Delete or purposely placed?)

3.grief like a sponge soaks up all prayers. quietly leaking onto the world like a light drizzle. until that moment when it's too full & then...

4.I wish I could believe in ghosts. that is comfort that no living

thing can blanket. the ends always fray. too many threads left un-
sown.

5.A one-sided coin is a marble. it does not choose a face. it simply
rolls. gathering rights & wrongs. gaining momentum into infinite
answers.

1.poetry readings were much less interesting before cell
phones. when the occasional heckler was human. now we compete
with the next FB post.

2.Progress is the word that bulldozes over other sentences. quiet,
unassuming, it is only 8 letters & yet. needs to be here. needs to be
more.

3.Follow me. just follow me. Up towards the sky. Down under the
ground. I won't lead you astray. I won't leave you behind. it's all I
can do.

4.Take the stars & bury them deep. Feel that light longtime gone.
Carry those voices long ago heard. Stir them well down in your gut.
& sing.

Irma Carranza

Raza de América

Raza del ancho y largo continente de América.
¿ América?... ¡no es cierto! Anáhuac, el Mayab,
las razas de Cuahutémoc, Moctezuma , Cuitláhuac,
del Pawnee, del Cherokee, del gran Caupolicán.

Las razas propietarias de la mitad esférica,
las dueñas de la frase de "Tierra y libertad"
raza enorme, pletórica, candorosa, esotérica,
hija de grandes dioses de la guerra y la paz.
Ingenua, sin embargo, como virgen Ibérica
encumbrada en las alas de un ángel, a su altar.

¿De qué sirvieron todos los neptunos armados,
los tritones marinos, las vallas de coral,
si nunca detuvieron el alubión de osados
piratas y guerreros del león peninsular?

Tú, que nunca cercaste tu propiedad privada
tú, que nunca cerraste tu puerta a la maldad,
ni tuviste malicia, suspicacia, ni enfados
e inocente y confiada te dejaste engañar.
Vinieron los centauros y les hiciste valla
los recamaste en oro y les dejaste hablar.

Atronaron sus voces sobre tu voz de alondra
los fuegos de sus dedos hirieron tu bondad,
las hojas de su acero trocaron luz en sombra
y así te despojaron de aquella tu heredad.

25

Quinientos años hace por el oriente franco
en vez de un sol de octubre o un mayo de arrebol
tres cruces superpuestas tras el convoy del barco
marcaron tu viacrucis y el fin de tu esplendor.
Y fuiste hacia el calvario, agonizando lento,
ahí en tu catacumba lloraste de dolor
bajo otras catedrales, te hundiste con tu templo
dejando un claro ejemplo de orgullo y de valor.

Y así, mientras ardían tus plantas en el horno,
al tiempo que jugaban a suertes tu verdad
quemaron tus verdugos las naves del retorno
y reyes y vasallos formaron el entorno
del templo que anunciaba la nueva Cristiandad.
¡Qué doloroso parto! ¡Que nacer de la nada!
¡Qué surgir como el fénix en pos del quinto sol!
¡Renacimiento cumbre del águila agarrada
sobre la hiriente espina a un gran nopal en flor!

¿Esa es nuestra raza? ¿La raza castigada
igual por el vencido que por el vencedor?
¿O por los capitanes de la invencible armada
que pronto cambiarían su sangre de color?

¿Qué somos hoy en día? ¿Ibéricos, aztecas,
ingleses, astronautas o cruzas de mongol?
¿Gitanos trashumantes o dignos zapotecas
de identidad uncida a un rico emperador?

¿Qué somos? ¿Mexicanos, peruanos, chiapanecos,
menchús guatemaltecos o araucas de Ecuador?
¿O simplemente somos un gran crisol de humanos
que enfrenta su destino buscando su esplendor?

Seamos quienes seamos, ¡salud, americanos!
hermanos en las buenas, las malas y el dolor,
unidos siempre al margen de luchas homicidas
haremos que en justicia respeten nuestras vidas
admiren nuestra tierra y adoren nuestro sol.

Protéjanos los dioses de tirios y troyanos
y nunca más caigamos en otro viejo error
ni en trampas genocidas de infames mercenarios
ni en guerras fraticidas, ni en manos del traidor.
Si Dios nos puso espinas de Alaska a las Malvinas,
limpiemos las espinas con alma y con amor.

Nueve meses antes de nacer

Nueve meses antes de nacer siquiera,
conocí a mi madre...¡Muy profundamente!
Empecé a quererla silenciosamente,
sigilosamente... de adentro hacia afuera.
Ella traslucía que era dulce, buena,
calmada, paciente, prudente, serena.
Yo, me fui nutriendo de su vida entera.
Nueve largos meses aprendí a quererla
a fundirme a ella con vehemencia plena.
Cada luna nueva, cada luna llena
me afiancé a su cuerpo con la misma calma
que el alma de ella se afianzó en mi alma.
Diáfana, espaciosa, *omnia* y transparente
era así en su vientre, su poza materna.
Yo me deslizaba del lado hacia el frente
sobre un vellocino de pétalos de rosas,
nido de cenzontles y de mariposas
y, al sentir sus manos, jugaba con ella.
Ella me abarcaba amorosa y tierna
mientras me bañaba desde su alba eterna
hasta la mañana de blancas auroras.
Yo, en los meridianos de su suave, terso,
infinito y amplio como el universo
claustro primoroso, contaba las horas
desde que gestamos hasta que nacemos.

Nora Lizet Castillo Aguirre

Mujer fénix (fragmento)

Herida, socavada, destruida, maltratada
así he quedado después de tanta lucha
pero la fuerza interior me sobrepasa
y como el ave fénix resurjo de las cenizas.

Las cenizas de mi alma que se niega a extinguirse.

Cada día reconstruyo mi interior, curo las heridas,
me brindo el tiempo para recuperarme
lucha, tras lucha, tras lucha
explotada como las riquezas de México
e igualmente, por más que las han saqueado
se niegan a terminarse.

Mujer fénix que renace de sus cenizas.

La estirpe de las amazonas con alas de fuego
dispuestas a reavivarse las veces que sea necesarias
dispuestas a dar batalla sin doblegar el cuello
sin agachar la miradas
ni pretender ser invisibles.

Equivocación

Confundí mi cita y no quise llegar
estoy en un lugar mágico lleno de libros
estantes repletos de ellos me indican
el lugar exacto para recorrer con la mirada.

Sillones, espacio, luz y silencio.
¿Qué más podría pedir?

Me sobra el tiempo con la vista posada en los renglones
las imágenes se me confunden
de pronto te veo persiguiendo al conejo blanco
llegas a una banca y te detienes.

Observas a tu alrededor y solo hay verde:
verdes árboles, verde pasto y verde lago.
Te detienes en la banca y mientras
nuestras miradas se entrecruzan,
intentas alcanzarme y me disuelvo.
Tal vez necesitas ejercitar tu memoria.
¿Cuándo fue la última vez que fuiste al parque?
¿Éramos nosotros los de entonces?
La amargura nos alcanza y te despiertas.

La herida

Tus manos como niños
corriendo por mi piel.
Tus manos como niños
juguetean, corretean
se pierden por mis cumbres y lagunas
espacios de descanso, el oasis perfecto
se toman un descanso; descansan sobre mí.

Una vez más desolada
des-ha-bi-ta-da.
Los niños se perdieron
ya no corren por mi piel
mi laguna se seca;
mis cumbres se caen.

Tantos reinos perdidos
desde aquella vez que no te importó.

Desde que la nostalgia habita
mis valles y caminos
los instintos se aplacan
mis deseos se duermen
los niños ya no corren
los niños se marcharon
tus manos como niños
ya no van a volver.

No que las aguas de un gran río
ensanchen su negror de roncos esqueletos:
No que las guitarras enterradas
en los múltiples árboles se extravíen.

-Saúl Ibargoyen

Saúl Ibargoyen

Nosotros y un ¿Por qué?

¿Por qué descender llorando
el espacio que subimos a plena carcajada?
No dejemos que una sucia altura
nos domine: no que los fragmentos
del denso verano se deshagan
en una fiesta de tambores congelados:
no que las calles repletas de vientos amarillos
ya no se parezcan a las puertas del mundo:
no que las aguas de un gran río
ensanchen su negror de roncos esqueletos:
no que las guitarras enterradas
en los múltiples árboles se extravíen
en su hambre cocinada con absurdos silencios:
no que las muchachas se partan la entrepierna
en el oficio colosal del pronto jadeo
y las pieles oxidadas:
no que las sombrías nieblas de verdugos antiguos
aún se alcen se propaguen:
no que la propuesta esplendente
de cada astro se disperse
entre luces de muertas energías:
no que estos tan humanos y no lavados dedos
-con su cauda de letras negras
y gestos estériles y caricias descompuestas-
así como son toquen
cada sílaba
de tu hermosura inmediata
y sin fin.

¿Verano?

Hay hojas de otoño
que mueren en verano.
Y pájaros vulgares
sin jaulas y sin cantos.
Pero hay materias transparentes
que fluyen con zapatos de piedra
en medio de un aire
anestesiado por la luz:
la misma luz de un estiaje
engendrado en otras galaxias
en otras noches viscerales
de lunas y de astros:
oscura carnalidad de intangibles gotas
o impulsos que jamás serán
una verdad sin regreso en nuestra memoria.
Porque el verano espera
con sus lúcidas redes de roja tiniebla
a todo extranjero que abra
vestiduras y cuerpos en mercados
y burdeles en playas y plazas.
Los ruidos de multiplicado nacimiento
trizan lienzos rostros muros cristales
árboles reunidos
y finalmente son llevados hacia el sol
adonde ya arden los otros veranos
con su carga de médulas
y hojas calcinadas.

Más preguntas

¿Estamos aquí como una banda neutra
entre el azul y el rojo?
¿Qué colores son esas huyentes diluciones
de una luz capturada por estos observados ojos
que también se diluyen?
¿Y esas bocas trazadas
por la invención de un sueño
habrán sido el impulso que extrajo
de un cuerpo quemado por hambres y metales
un momento necesario
para el frescor del aire?
¿Estamos porque es imposible
no estar
porque es dudosa la respiración
de una piedra calcinándose
entre los huesos de un lagarto
destituido por una piedra mayor?
¿Es honroso preguntar
por qué estamos aquí
rasurando calabazas y manzanas
despellejando frijoles adolescentes
iluminando el agua incansable del café?
¿Qué validez hay en estas preguntas
que vienen a nos
como banderas pudriéndose
como torpes acertijos
como una oscuridad de infanta manoseada
como pájaro devorando sus plumas
para así volar?
¿Quién autoriza
quién da su fe

quién otorga su ánima de fiador
para que podamos preguntar
por las razones de verbos y adjetivos
por la sombría carnalidad
de todos los cánticos
por la tenue cicatriz que oculta
las fiebres
que caerán
sobre el dolor vencido?

Isaac Chavarría

Ode to a Falfurrias Border Patrol Agent

I am enamored yet frightened
by your brashness
as you lean yourself into my window.

You ask all
which family & friends
avoid.

You ask
about my relationship status,
and plans for the day,

but then you seem so superficial.
Twice you ask if this is my car.
Both times I try to sound sincere when I say yes.

Worse is when you ask about where I work.
Even though I say "Pan Am", the school,
I'm afraid to tell you my job isn't secure.

In my most insecure moments
I feel you have an ethno-fetish
and single out my bronze heritage.

Even after I come back
and smile at the cameras, hoping
you'll see

I'm the one
catching you in my rearview
periquiando con otros

no importa si es hombre o mujer
otra vez
preguntas, pero nunca dices.

La Llorona de El Valle

La Llorona de El Valle
begins her summer
with two more.
The first she coaxed
during a game
of chicken,
along the edge
they sped until
one quit or died.
The second was gifted
by a father
drunk he believed
she was la virgen
and sacrificed la hija
in fatal baptism.
When our skin
peels off
from a summer burn El Valle fills her
with bodies
from the barrio-colonias.
She irrigates para nuestra comida
for our lives
and in return
we provide
our children.

My Eyes See

Can there be two heavens?
or maybe more,

but at least one where you'll
find your grandfather
and tell him stories
he will already be familiar with.
Can my heaven be here, imperfect?
holding your hand in the car
laying in bed worrying needlessly
and trying to make myself happy
but not trying too hard?
Can there be three heavens?
or maybe more

like a utopia and my mother
will forget all her scars
around her psyche
and then she can
continue loving
the cause, my father

one like Pope Francis
said my girls,
the puppies, will reach

or maybe not a heaven at all
just a place you can pray
as you like without feeling
threatened. A place you
can worship any g-d
or the same without
having your church
burned or body
buried.
Can there be a heaven?

Nadia Contreras Ávalos

Naturaleza

1

Dentro del ojo
el reflejo acaricia la profundidad,
se distiende.
Imágenes nunca quietas.

2

El espejo
—doblez profundo—
se vuelve calle
ante la herida
de una voluntad
que oscurece.

3

Habitación cristalina
la del caleidoscopio.
Si llueve
y toda esa agua que cae
en incesante gotear,
apaga la sed
inmensa y negra.

Vórtice

1

Dentro del caleidoscopio,
el color recién urdido,
es una tragedia.

2

[Una fotografía]

El cielo refleja los sonidos.
Son pájaros,
repiten la luz del sol
—lago de infinitas superficies—.
¿Y qué es la cámara
si no el horror que desoculta
el rostro alucinado?

Un espejo
mucho antes
de abrir el libro.

El interior del mar a través de los ojos de Salvador Dalí

I

"Sueño causado por el vuelo de una abeja alrededor de una granada un segundo antes de despertar" (Dalí, 1944).

En el interior de los sueños
se forma la grieta,
la comisura del mar
donde la mujer
devora el zumbido.

Sueños terminan
con la sensación del picotazo.

2

"Autorretrato o Dalí desnudo, en contemplación ante cinco cuerpos regulares metamorfoseados en corpúsculos en los que aparece repentinamente la Leda de Leonardo cromosomatizada por el rostro de Gala" (Dalí, 1954).

La concha crepuscular
cubre la desnudez
de un sueño y otro.

Al tacto
las figuras
se desintegran.

Julieta Corpus

Fuego

Fuego
Eres fuego intenso
de una gran fogata
fuego que me quema
pero que no mata.
El fuego encendido
en noches de invierno
el fuego en el bosque
que alumbra lo eterno
el fuego callado
que vela mi sueño
fuego vengativo
que no tiene dueño
el fuego apasionado
que me ha hecho su presa
el fuego candente
que hoy fluye en mis venas.
Eres como el fuego,
fuego que calienta.

Nos tiramos a la cama

Nos tiramos a la cama silenciosos,
con temor a descubrirnos.
Nos cubrimos por completo sin deseos
de desear tanta carne no encendida.
Murmuramos mil excusas desvariadas
que mantengan nuestros labios apartados.

Inhalamos rencorosos
aire rancio, estéril, sofocante
tras concluir otro encuentro de
argumentos inventados, nocherniegos.
Alzamos témpanos entre ambos
contra el daño físico, permanente.

Deambulamos somnolientos
allá afuera, aplazando retornos.
Nos privamos de amistades
para no revelarnos ante el mundo.
Nos disfrazamos de normalidad,
portando la máscara adecuada.
Evitamos toda clase de reuniones

y ya en casa, solos,
nos hacemos diminutos, invisibles.
Nos tragamos las palabras cariñosas.
Y ya en casa, solos,
nos tiramos a la cama silenciosos
con temor a descubrirnos.

Despedida

Si me voy este verano,
entiérrame bajo la sangre coagulada del granado,
en el patio,
para verterme cada primavera.
No me cierres los ojos.
No fuerces estas manos a cerrarse.
Mi vida ha sido un grito amordazado,
un deambulo solitario,
una historia frustrada
que compartí a retazos con corazones francos.
Y no quiero vagar después de muerto
por ningún lado
como esos seres infelices,
almas bifurcadas,
transitando dos mundos.
Yo quiero que un cenzontle vuele
desde lo alto de los Picachos
a llenar aquel patio
con sus cantos agudos, delirantes como mi vida,
si me voy este verano.

Anakaren Dávila

Quemas

Me quemas, me ardes, me besas, me callas.
No hablas, te escucho. No tocas, te siento.
Me quemas sabiendo, sin consciencia, a oscuras.
Te veo sin luz, me ciegas. Me quemas.
Vicio, ciclo, éxtasis.
Cierro los ojos y veo. Abro los ojos y siento.
Fuego, cenizas, lumbre. Arde, quema, huele.
Sin ser, somos.
Somos fuego; somos lumbre.

Confidencias

Fuiste mi demanda de deleite
éxtasis en mis venas
la sensación del viento en mi cara
la aceleración de mis sentidos
mi sed de euforia.
No eras más que una necesidad
el aire de sentirme viva
el misterio de la espera
la intriga del secreto
el delirio de la adrenalina
siempre algo nuevo
una ruleta de emociones
siempre lo mismo
pero nunca una rutina.

En una caja de cristal

Me perdí en el camino a la perfección.
Me negué tratando de olvidar mi humanidad.
Me ignoré mientras buscaba ser feliz.
Y en ese mundo
donde los halagos te hacen grande
donde los aplausos te excitan
donde los premios te elevan,
caí.
Caí tan fuerte que se me hizo difícil
levantar tantos pedazos de mí.
La carga más pesada son las expectativas;
cegarte a tus errores;
reprimir tus emociones.
Dicen que entre más alto vueles,
más dura es la caída.
Y que entre más peso cargues,
más te cuesta caminar.
Después de que me perdí, me encontré.
Y en mi redención
solté, acepté,
y finalmente me abracé.

César de León

I liked El Mundo

From an early age I knew
flowers and floral patterns
were supposed to be for girls.
I liked them anyway. In secret

my eyes traced roses, hyacinths, sunflowers,
blooming on mama's blouses,
-abuela's skirts.

On summer afternoons when we played lotería, I knew
I was supposed to like La Sirena.
The round of her breasts tried hard to lure me
into the depths of manhood.

I liked El Mundo, instead.

His chest wide, his back ample,
The World balanced on the mounds of his shoulders.
His red bikini centered in my eye.

I knew, when I played outside, birds were supposed to be shot
down with slingshots, BB guns, or rocks. I preferred to watch them
hop from branch to branch hoping they would turn to me and say:
"We know you."
"We know you."

Quetzalcoatl in Aisle 5

Let's do brujería
in the scented candle section.
Burn vainilla incense cones and lavender
infused soy candles;
sweep the air with decorative cinnamon
brooms, sprinkle comino, sea salt, and oregano
smuggled from the spice aisles all around us
for protection. Hurry!
Bring the snake skin we found behind the pink oleanders
in the corner of the parking lot. We can bring it back to life!
Use baby oil and rattles from the infant care aisle;
watch its scales multiply and glisten under the fluorescent store
lights; watch it grow enormous feathered wings.
-Quetzalcoatl in aisle 5.
After lunch we can release him into quiet
suburban gardens that want to scream like jungles.
Let him work his own hechizos.
Turn house cats into jaguars, sparrows into eagles,
swimming pools into sacred cenotes
from which rejuvenated deities can emerge under the stars,
wrapped in the perfume of
a million flowers, dripping universal wisdom
like moonlit birdsongs
on river currents.
We can do this, you and I. No tengas miedo. His iridescent plumage
will protect us.

Carta a Frida

Amiga,
quien te viera acá en Gringolandia
donde nunca te quisieron bien.

Quien te viera en Nueva York,
montada como la Mona Lisa en los muros de museos burgueses.

Quien te viera con tu rebozo y tus trenzas
plasmada en las camisetas de gabachas desabridas.
Todas quieren ser Frida
pero con las cejas resacadas.

No te carcajees, carnalita, es la mera neta.

Los catedráticos se mean por estudiarte.
Se quiebran la cabeza y se les queman los sesos.
Te inventan babosada y media.
Pero tú ya sabes cómo son de pendejos.
¿Qué más te cuento, amiga?

Todavía no nos quieren los gringos.
Nos revuelven los paquetes en los puentes.
Se quedan con el tequila y luego fruncen las jetas cuando se lo tra-
gan.

Pero a ti, a ti ahora si te quieren; te adoran.
Desde Washington hasta California y aquí en Tejas también.
¿Cómo vez?

A la otra que cruce el puente me pongo rebozo, trenzas, falda,
y les miento la madre. Vas a ver cómo me dicen:
"Oh it's just Frida, come on in, come on in".

Nephtali de León

In The Plaza We Walk

In the plaza
we walk
under the Mexican moon
full of tangerine smells

a cart pulls over
full of the fruit
full of the moon
and the lonely star

so we buy two
but he says
three for a peso
but we buy two

tangerines peeled
we walk
hand in hand
spitting the seeds
for future tangerines
and more lovers to be

in the plaza
we walk
under the Mexican moon

Tortilla Valentine

Hey tortilla
just rolling around
you're the chalupa
of my heart
the enchilada
of my dreams
like a spread out tamal
taco meat – ¡Ay!
kissing you lips

Oh tortilla
be my valentine!
I've got more
than refried beans
to spread on you
my love is true blue
like a grill or a comal
all hot – for you!

Help!

She was screaming
at the top of her voice
running for her life
long dress
looking like a nun
breathless
her light
knocked out
of her hand
her crown
shattered
on the ground
kind native folk
tried to help
chicanos chicanas
also being chased
Asians and blacks
Where do you live?
-New York
What's your name?
-They call me
the Statue
of Liberty.

Andrea Flores

Cuernavaca

Cuernavaca es una ciudad de ojos verdes,
los mismos que conquistaron a Cortés;
son herederos de la mirada de Medusa
y por eso vuelven piedra todo lo que ven,
de roca son sus palacios y mansiones
y su corazón, entre tanta piedra esconde agua.

Cuernavaca es una niña que no crece,
la mujer cuya piel nunca envejece.
Eternamente musa inspiradora
y a la vez mecenas complaciente.
Es tierra de artistas y científicos
quienes han adoptado el aroma húmedo
de sus calles barrancosas y empedradas.

Su clima es jovial y revoltoso,
así: caliente y lluvioso.
Cuernavaca ama la luz del color verde,
se niega a despojarse de su inocencia pueblerina
y ante la mancha urbana se revela.
Ella extraña las haciendas y el carruaje;
ella anhela ser tierra de arroyos y jardines.
Aún pide ser parte de los dibujos de Palmira
y de los murales de Siqueiros.

Algún día volveré a mi Cuernavaca linda
y la pintaré con letras en forma de novela.
A falta de ciudad madre yo la elegí a ella,
quien me miró con sus ojos verdes
y aceptó quererme con su corazón de piedra.

Mirada

Conocí tu mirada estampada sobre tela,
la vi sobre una playera toda desgarrada
y hasta el día de hoy vivo enamorada de ella.
Yo no sabía entonces de quién eran esos ojos,
qué voz hablaba detrás de las pupilas fuertes.
Yo no sabía cuál había sido tu nombre,
el que nunca se dice sin un antes: ¡comandante!

Tus ojos se volvieron una superstición,
tu causa de vida sería mi inspiración:
dentro del alma se lleva la revolución
en las noches de sueño, en los días de vigilia,
en las acciones efímeras de todos los días,
en las ideas eternas que cambian la vida.

Tu mirada es un sello sin edad y sin patria,
es tratado de paz y declaración de guerra,
son dos ojos que recorren descalzos el mundo
sosteniendo sobre sus brazos un estandarte,
la bandera de una misma nación soñadora,
pacífica y guerrera, unificada y justa.

Quiero ver como vieron esos dos ojos tuyos,
que peleaban sin dejar una sola lágrima:
quiero tener un corazón con sangre del tuyo
que sepa latir hasta la victoria ¡siempre!

Entre azules y blancos

Publico una foto; ojalá me veas.
Posteo algo nuevo; escúchame.
Comparto tu estado; aquí estoy.
Comento tu publicación; acuérdate de mí.
Un mensaje que sólo sonríe; voltéame a ver.
Sigo aquí y no me ves,
me disuelvo entre caras y palabras
entre marcas y personas
entre verdades y mentiras
entre azules y blancos.
Sólo amigos, ningún compromiso.
Sólo palabras y fotos, ningún abrazo.
Sólo una seña, ningún beso.
Entro a tu perfil; quiero verte.
Compartes mi estado; enloquezco.
Das "me gusta"; siento que vuelo.
Escribes un comentario… casi muero.
"Inbox", lo he logrado.

He puesto mi oro tierra y mi gente trabajadora a tu disposición. Ahora pongo mi ojo por tu ojo, mi diente por tu diente.

-Antonieta Villamil

Antonieta Villamil
De Arcana de los dominios imaginantes

HERIDA DE IMPUNIDAD
En memoria a las hijas de Latinoamérica
masacradas en la frontera con Estados Unidos

> Coro: Hoy me mataron y tú sabes quién
> Grita por mí   por ellas   por ti
> En la frontera me mataron hoy
> Quita esta herida de impunidad.

Nuestro grito pierde la palabra   se clava en el silencio
es esta herida en rostro   aplacado y abierto
que se desvanece a ola de vientres arrancados
Nuestra mirada una cicatriz que divaga y se ahoga
en la arena del desierto   nuestros ojos arrancados
en circulo entretejen un relámpago
es rojo a borbotones lo que pronuncian nuestras manos

Esta herida es nuestro rostro atónito
que se arranca la piel   su carne viva es nuestra piel
en cada esquina   La hipocresía del día en cruzada
de exorbitantes golpizas a brutales violaciones
En abierta boca esta llaga que no es la única   yace
en gigantesca ola   choca en resaca de mutismo
a un instante se resumen dos mil años y se ahoga
sin evidenciar en un solo fragmento nuestra historia

Los días sin día se entretejen a esta muda herida
en los rostros divagan vestigios de un testigo
y su rastro pisoteado con maniobras que recomponen
con cuotas de baba el ciego cielo

Cómo desenmascarar este cobarde silencio
que se precipita sobre nuestros ojos   se desvía
a ola de oídos sordos   choca en resaca de encubrimiento
si nuestras bocas muertas no se sellan   siguen abiertos
sus portones y entran moscas impunes que se instalan
bajo opacas alas reordenando los gérmenes
que impunes salen de sus patas

Esta herida que no es la única   duele hoy
con horrible humillante holocausto
con grotesca eFe de flagrante feminicidio
Te conmueva esta otra herida con su costra
Los rostros ultrajados con que la disfrazo
desvanecen sus olas contra las orillas oblicuas
de tantos ojos disimulados   que se hacen
los que no miran pero saben.

Coro: Hoy me mataron   en la frontera
Hoy me mataron y tú sabes quién
Atestigua por mí   por ellas   por ti
Mata esta herida   de impunidad.

El imperio por 1 poema

a William Shakespeare

Mujercita de tercer mundo, que lo digan. Digan que soy una Malinche andariega porque me fui al Norte con todo mi desencanto, mi osadía y mi hambre de mujercita de tercer mundo, ¡que lo digan no me importa! Pero digan que me fui a propósito con toda mi irreverencia y mi rabia para construirle el tiempo al poema. Digan que traigo en mi mirada, el ojo del huracán y bajo las uñas, la tierra que no pude excavar para mis muertos. Que traigo en el filo hambriento de mi lengua, un sí se puede en rojo grito hasta la victoria en el centro del corazón y que este ejército de trabajadores desposeídos que me acompaña, transformará el Imperio con el poder del número. Que somos muchos y no los vamos a matar porque ellos son parte de nosotros. Los vamos a inocular con nuestra presencia. Nos haremos

i n n u m e r a b l e s

encantadores de serpientes. Necesarios parásitos de parásitos que le prestamos el cuerpo al Imperio, como ellos al florido basurero, para hacerle el amor a la vida. Que aquí estoy, haciéndome la gringa con todo mi desgano, viviendo de renta en el monstruo y que día a día inoculo mi veneno. Construyo el tiempo al gran poema de la caída. Por la memoria de mis muertos, de mis desaparecidas mujeres de tercer mundo que inmigrantes hambrientas, dejamos la sed colgada en los desiertos de Texas, California, Nuevo México y Arizona. Que por su ultraje, soy de la mosca, la larva de mujercita tercermundista en la barriga del gordo Imperio y que aquí estoy devolviéndole su narco-para-militar decadencia. Sí, que lo sepan, soy el virus socavando su columna de hielo y cuando llegue el esperado día, entregaré todo este Imperio usurero por solo

1 poema

CORO: Pájaro de vida, pájaro de paz,
es que aunque nos maten, no nos matarán.
Pájaro valiente, pájaro de madre tierra,
hasta la victoria, dame tu poder de revolución.

Norberto Flores

#Trending topic

Cuarto día. No ha dejado de llover. La oscuridad lo inundó todo; el sonido de la lluvia es un taladro que ha roto el concreto de lo cotidiano. Me molesta. #OdioLaLluvia.

El hambre desgarra mi estómago. Ojalá pudiera dormir. #Tengo-Hambre.

Octavo día. El jardín es un mar de lodo, una masacre verde. La calle, un río, y su rumor, un aullido erizando mi piel. No hay luz ni teléfono. Sólo la lluvia aplastante y sonora y el televisor con su cara negra.

Soñé una mesa llena de comida. Pollo asado o tal vez pato. Comida olorosa, masticable, domadora de estómagos y de ansias y de sed. Propiciadora del sueño.

En el día vigésimo, mi brazo izquierdo duele. Al principio fue difícil morderlo: era un pez resbaladizo y sanguinolento. #PrimeroMis-Dientes.

Día veintiocho. No ha escampado. El azote del temporal continúa. La casa cruje. Mis brazos y piernas y el jardín están en los huesos. Regresa la luz. El televisor pone cara de noticiero. Desde las aspas de un helicóptero, el plan DN3 lanza una bocanada de auxilio. En tuiter nada la foto de mi cuerpo mutilado: #ElCaníbal: un huracán cibernético.

La danza de la vida

Mis textos me explican el mundo en mis palabras.

La hoja en blanco, de papel o virtual, se quema al contacto de mi
voz:
ha escuchado el canto de
sirena de la vida,
se ha dejado deslumbrar por el brillo de falsos tesoros, de vidrios
rotos,
luciérnagas tristes en la noche de la realidad.

La esperanza es eco de los latidos de mi corazón que se marcharon
hace mucho,
en plena infancia, hoy regresan contra los muros del mundo.

Es un sentimiento disfrazado de recuerdo;
una nostalgia malvestida.

Todas las noches me siento ante la hoguera de mis palabras,
porque ya no tengo corazón, solo esta mente anquilosada
cuyos estertores son un remedo de mi lamento cardíaco.

No tengo canción, no tengo voz,
sólo diez dedos que danzan sobre las letras,
como si quisieran tocar el rostro de la eternidad.

Bailo solo, porque escribir no se puede lograr en compañía.

Lluvia de estrellas

Salió a contemplar el cielo nocturno. Nunca había visto una lluvia
de estrellas. De hecho, no recordaba haber levantado la mirada al
firmamento. ¿Cómo sería el desorden estelar doble que las redes
sociales habían anunciado? ¿Quién podría decirle o confirmarle que
lo que veía era lo que realmente esperaba? Bueno, pensó, las estrellas no se están quietas nunca, rajan el cielo, enloquecidas, como
ahora: se mueven de un lado para otro, como una metralla silencio-
sa que cae del espacio.

Entonces, concluyó, una lluvia de estrellas doble debe ser un agua-
cero, un chubasco fácilmente reconocible... no este revolvedero,
este enjambre silencioso de luciérnagas asustadas.

Esperó y esperó. La tormenta de estrellas nunca llegó. Cerca de la
medianoche, los estratos bajaron raudos, intentando tocar el suelo
en vano, y taparon con su muchedumbre frenética el alboroto lumi-
noso que desbarataba las constelaciones.

Las redes sociales, lamentó, mienten siempre. Son unas ignorantes,
pensó con amargura. Y se fue a dormir, decepcionado, mientras la
lluvia de estrellas doble continuaba en el cielo.

Porfirio Flores Vazquez

Ambigüedad

En la orilla de la playa turca, la calaca se pasea;
promoviéndose turista, cobra en euros la tarea.
Migrantes huyen de la guerra,
abandonan su mundo de pobreza,
una luz acaso negra, se enciende en su cabeza.

Quieren ir a Europa,
la mil veces imperial.
La reina, el premier y el capellán
rezan; las actitudes son atroces.

La Gran Casa permanece
desierta de críticas y voces.
"Jamás lo lejos, arremetió tan cerca"

Aquí, a la vuelta de la esquina,
se ensaña también la Catrina.

Su guadaña sega vidas
que buscan alcanzar del sueño americano.
Un niño, un padre, una madre, aquí, allá o acullá
lo mismo en la ribera de un río
o una playa en el Mediterráneo.
¿Cuántos más deben morir?

Una consigna debemos seguir: ni uno más.
Son nuestros hermanos.
Entregad el corazón; asirles de la mano.

El reino de Aquila

Estaban ahí, en la cúspide,
sobre las torres etéreas de Manhattan,
frente a Central Park.
Eran nidos de águilas,
los aguiluchos con la mirada fija en el vacío,
prestos a lanzarse al precipicio.
Arriba, el cielo protector,
abajo, la muerte con manto verde
esperando para cobijarlos.
Vista de águila portentosa,
escudriñando la vacuidad
del mundo terrenal.
Se lanzaban, y casi sin batir sus alas,
alzaban el vuelo al infinito azul,
volando lejos, muy lejos.
Los padres han muerto,
o, tal vez vivan, no sé.
Tampoco importa
porque ellos son las nuevas águilas.
No abrigues temores…
¡así lo harás tú!

Singularidad

¡Cuándo te ausentes!...
otearé en el universo por entero,
a la velocidad de la luz,
su cubo si me es permitido
desafiando la física clásica,
la cuántica, lo que surja establecido.
Hurgaré en lo ignoto de los agujeros negros,
un infinitésimo de segundo,
sobre la radiación de fondo,
en la materia oscura,
te buscaré, no te quede duda.
Obviando lo falso, lo imposible,
lo humanamente permitido,
iré hasta al más allá.
Cuando descubra que te has ido;
solo entonces aceptaré la verdad,
y, volveré a la singularidad de tu sepulcro
para conversar contigo.

Odilia Galván Rodríguez

Invocation for Tlazolteotl

in blue veils
of copal and cedar smoke
I salute you
oh mother of
the entrails of earth
carnal love
you ocelotl
slayer of sins
filth eater
I pray you
ravage sickness
drink acid rains
pour down
unclouded waters
breath in all
the loathsome air
send strong winds
end their obsession
termite people
swallowing up
all that stand in their path
help us your children
who suffer diseases
that devour hearts
hear our prayers
we whisper our lives to you

A veces las estrellas

para Juana Alicia

A veces las estrellas cuelgan
como arañas traviesas
de un hilito de telaraña
bajan sutilmente
para darnos
una mirada
con sus ojitos brillantes.
A veces las estrellas
caen del cielo
como si ya estuvieran
cansadas de colgar
como columpios astrales
en ese espacio
de azul perpetuo.
A veces las estrellas se lanzan
del cielo y nadan
en el mar como peces
pero a veces caen del cielo
hacia la tierra
y nacen nuestros hijos.

La Poesía

la poesía
es música
es ritmo
imagines que viven
en colores vibrantes
el corazón del autor
puesto sobre un papel
para que otros
lo compartan
lo exploren
lo gocen
o para cantarlo
en voz alta
volarlo hasta los cuatro vientos
como papalote azul
la poesía ~
es maravilla
en verso o
en líneas masticables

Gabriel Govea Acosta

Tonantzin

Enero nos castiga acá afuera, Madre;
se me ha traspapelado la esencia de mi nombre
entre las grandes avenidas
que entonan el rezago a nuestra sangre.

Un frío repliega mi cuerpo,
me devuelve a tu caudal
y convierte los siglos en manantiales
volviendo al interior de la tierra;
sí, por un momento, cobijado en mí mismo
la sed es una plegaria respondida…

Pero la Historia convulsiona mis entrañas,
no hay libro donde pueda caber tanta derrota
ni mano capaz de sangrarla sobre la hojarasca…

Hoy me regalas la lluvia, Madre,
por ti ha escampado en mis ojos.

Cielo mío

Cielo mío,
tus estrellas sólo brillan para el abismo;
¿quién te mira
si no la inmensidad?
Sólo tú ardes insondable
y en mí te ensanchas
buscándote.
Aquí terrestre me arrodillo
contigo en mis ojos
de párpados caídos.

Soy, eres

Soy la noche que envidia a los amantes,
el instante umbrío
donde reposan las pavesas de sus besos
acabado el incendio,
la contemplación de las brasas
también soy.

Y tú eres el hueco en la caricia,
el arenoso tiempo del adverbio mientras,
lo que cabe en un pronombre neutro,
tu silencio carnívoro en mi boca
también eres.

María Luisa Govea

Nostalgia de mar

"La llevaré a que mire los naranjos, a que toque la mar,
que nunca ha visto y se le llene el corazón de barcos".
-Rafael Alberti.

Exiliados del mar vivimos largos años
en la ciudad monstruosa
odiando-amando su engranaje de rabia
el pulso deslumbrante, la entraña temblorosa
abolición de ríos,
tentáculos oscuros de cemento.
Dejamos una puerta abierta a los recuerdos
develada en medio de las sombras,
robada al aire sucio del concreto
porque teníamos el corazón lleno de sal
de arena, de veleros
y con sólo cerrar los ojos
en cualquier sitio
donde el sol se acostaba,
el mar fluía, entraba en nuestra casa
como un gato recién recuperado
después de una parranda
de mil días.

Tamaulipas 210, 211, 12... and so on and on

"Tu destrucción se gesta en la codicia".
-José Gorostiza

Tu destrucción se gesta en la codicia,
en hambre de poder, devastadora,
que arremete violenta a toda hora
en el raudo caudal de la conciencia.

Escucho tu estertor en la caricia
de las balas, en esa horrible flora
escupida por fría ametralladora
para segar la luz de la inocencia.

¿Quién secuestró tu belleza humillada?
Es ausencia de amor, desgobernada,
frenesí del terror, temor que abruma.

Sino letal, voraz, que se adelanta
y al habitar tu cuerpo te suplanta
con sangrientos cardúmenes de espuma.

Dar vuelta al día

Dar vuelta al día
como quien abre la claridad de una ventana

mirar atento,
avanzar cediendo,
como quien persigue un espejismo
vaporoso
después de una lluvia de heridas

descubrir al doblar una esquina
mi soledad creciente
un huracán en celo,
el mar,
ahogándose en un vaso de agua

contemplar tu abandono,
el mío

mitad paz
mitad hielo.

Clara del Carmen Guillén

Caminante

"I am he that walks with the tender and growing night".
- Walt Whitman, Song of Myself.

Sueñas: sublimas el mensaje.
-Principio del camino los presagios-
dices
que de los aldabones del destino
alguien llama
alguien
que quizá sea un punto un abrazo:
un punto que conduce consecuencias
un abrazo que cubra como ramas
otros tantos que esperan ser el tronco.
Sueñas, con las puertas abiertas de un presente allanado
que no alcance tu asombro desde la nota triste
e iguale tu camino sin fronteras.
Sigues, río que cruza con su incansable sino un imposible.
Te acomodas
franqueando las veredas que te dicen: camina.
Mientras responde el eco de la historia:
Muere.

Nostalgia de marinos

"Necesito del mar porque me enseña:
no sé si aprendo música o conciencia:
no sé si es ola sola o ser profundo
o sólo ronca voz o deslumbrante
suposición de peces y navíos".
-Pablo Neruda, Memorial de Isla Negra.

Nostalgia de marinos
recorriendo el naufragio letra a letra.
Desde aquel horizonte
donde las alas tienen su guarida
los presientes:
vienen de soledades bifurcadas
de la casa en penumbras
y el golpe de las olas permanente.
Niegan ser la deriva.
As y envés niegan ser,
mientras los sueños
que saltan de la página
al momento preciso
se sostienen
para emprender el viaje:
un libro abierto.

Culminación de nudos

El ojo que se niega a reconocer su propia ausencia
-José Saramago

No levantes el índice para exigir respuestas que tu silencio tiene.
No mezcles las palabras para pegar la sien a los dolores.
Que no te repercutan los misterios que dices ignorados:
este barullo gris de los secretos
culminación de nudos que de tanto tejer ciegan los sueños.
Porque no hay más remedio que levantar las alas o cortarlas de tajo
y olvidarse:
La soledad sostiene tus momentos; clava sus aguijones,
se hace raíz
pulsión
destino.

Dinorah Gutiérrez Andana

Niña de cara lavada

Niña de cara lavada
oro fino en los cabellos

Niña de mirada de fuego y agua
voz de seda y trueno

de piel blanca. Niña,
sangre de mi sangre
guerrera constelar
de mujeres que escribieron antes nuestra historia.

Niña de ojos abiertos
de corazón valiente y manos tibias
de aliento fresco y piernas de gacela.

Niña que me robas el alma con tus besos.

Niña,
herencia de mi carne y el silencio.

Silencio

No es mucho lo que quiero decir
es más
tal vez no diga nada
esta vez el silencio parece hablar más
de más
de todo
de lo que quise decir antes y reprimí
de lo que tanto dije y quise arrepentirme
pero no fue así
de lo que susurré
de lo que grité
de lo que musité mientras dormía
de lo que callé mientras hablaba
cómo puedo entonces decir lo que ya está hablado
mejor, será mejor
no decir nada
no decirles nada
no quiero interrumpir
el silencio parece ahora más hermoso que todas las palabras.

Incronicidad en tres tiempos

I
Ni dos kilómetros
ni muros
ni adoquines en la vereda
la rueda giraba acomodando todas las piezas.

Un encuentro casual... en apariencia.
Lo supe,
manzana que embriagaba a solas
fuiste azul,
ave de otro tiempo,
siglos...
fluido ilimitado en el momento justo.

Fuimos tormenta eléctrica
río desbordado
un aire fresco que estorbaba
un rumor de verdad en el aliento
¿A quién más le importa?
Lo supimos.

Caigo en cuenta que no me urge terminar nada,
solo quiero eso sí, seguir escuchando el chasquido de tus labios,
antes de que digas cualquier cosa.

-Armando Alanís Pulido

Armando Alanís Pulido

Una eternidad esperé este instante

Ahora que me veo escribiendo otras cosas: Mi epitafio, filosofía en
facebook, un verso en la pared, mis antepenúltimas voluntades,
Y que observo que repito palabras: Como la palabra Monterrey,
como tu nombre....
Caigo en cuenta que no me urge terminar nada,
solo quiero eso sí, seguir escuchando el chasquido de tus labios,
antes de que digas cualquier cosa.

Lideres de opinión

Todos opinaban mal de nosotros,
éramos la amenaza al más puro estilo norteño,
la división, la división del norte,
éramos los que partiríamos al partido,
los elegidos,
los moderadores, los modernos oradores,
éramos los "muy bien muchachito muy bien",
los charquitos cerca del manantial latente.
No me acuerdo bien pero eso éramos.
Un editor amigo escribió: Sus mejores textos están por venir
(pero vienen bien lejos)
mientras tanto nosotros, sin perder el tiempo,
seguimos escandalizando a los pobres lectores
con la mala calidad de nuestros textos.

¿Por qué no fui un dibujo animado?

Yo te decía: A mí no se me alargan los brazos como a Red Richards
pero puedo alcanzarte... (era un tiempo fantástico)

Ya sabes lo que tienes que hacer, – me dijo-
Yo, obviamente no sabía.
El amor no se improvisa.

La vida nada tiene que ver con el álbum familiar

Esta dosis de crudeza es una insinuación,
Papá, mamá y hermanos no me escriben.
Escribe tú, tú eres el escritor, – me dicen-
entonces los incluyo en mis poemas,
Ahora papá, mamá y hermanos, me han dejado de hablar.

Uno de esos sueños

Un desmantelado sueño, de esos que ocurren de día
de esos irónicos como mi sonrisa
de esos que nada cuestan
arremetió contra mí, despacito
y yo sorprendido, anulado
inútil como una duda
intento explicarle al público
el riesgo de desaparecerte en un verso.

Onomatopeya de la conciencia

Y así sucesivamente...
La noticia más importante del día es meteorológica.
Adoro la teletransportación.
Relajémonos.
El desvelo es el combustible de mis noches.
Mi contención es un arrebato.
Estás espléndida y quieres que te lea un poema.

Un diablito que habita en mi hombro izquierdo
discute con otro diablito, [que habita en mi hombro derecho]
Cuestión de conciencia.

Mariana Hernández Jalil

En un mínimo infinito

Es otoño. Caen las hojas.
En un breve instante que se hizo infinito,
haz completado mi existencia.
Se concreta y se hace objeto la palabra amor.
Me recorres el alma con tus dedos.
Fragmentas mi calma, se vuelve ola.
Salado vaivén de gotas que humedecen las sábanas.
La espera se derrite en las paredes. Y se diluye.
No te vayas. Y no me voy.
El infinito se convierte en un instante.
Y ese instante trasciende y me transforma.
No me voy.
Es otoño, caen las hojas.

Distancia

Son mis sábanas
cielos desperdiciados.
Desvela mi alma.

Habitación 123

Cuatro paredes
que se derriten.
El infinito
se quedó varado
entre tus pies.
Me alejo por el pasillo.
Olvido mi alma en el buró.

Ana Hinojosa

Nuestra tierra sangra

Estallidos en cadena asesinan el silencio
se ensordece la realidad, se aniquila la paz
malditos suicidas que no se marchan solos
enfermos, ciegos de amor, odio y tenacidad
cientos de voces masacradas
gritos de venganza nacen del llanto
¡justicia, justicia! Exigen todos
mas quién puede ser justo aniquilando
quién puede atacar sin ser atacado
cuento sin final, nos matan, los matamos
nos volvemos animales como ellos
armamos el ejército y los cañones
los queremos en lodo como cerdos
todo en nombre de la paz y el respeto
unos pelean el petróleo
otros la verdad divina del cielo
al final morimos todos
nuestros niños se pudren en el suelo
maldigo las guerras sin ética ni moral
somos solo hombres
esclavos de ambición y ego.

Lograste que te amara

Viendo la noche caer sobre tu cuerpo
tus curvas perfectas me seducían
pedían a gritos ser tomadas
te besé tan lento que se hizo de día
tus senos generosos me embriagaron
tu fuente de vida sació mi sed
me envolviste de caricias
nuestros cuerpos fusionaron
fuimos misterio
fuimos agua y fuimos fuego
te metiste en mis venas
yo te entregué mi hombría
fuimos uno en aquella cama
yo me llevé tu aroma
tú me robaste el alma.

Soneto de despedida

Una canción escuché un día
hablando de amores fallecidos
entre escombros los describía
justo como el tuyo y como el mío.

Entendí enseguida letras y notas
como anillo al dedo me calzaban
habló de penas llantos y almas rotas
como mí corazón vida y mis alas.

Aquí te dejo la canción de aquel día
intentando decirte todo cuanto callo
sin quebrar aún más mi gastada vida.

Ahorrarme llantos intento ahora
dejando tras de mi sólo esta nota
con el frío título de aquella melodía.

Rossy Evelin Lima

Hacia el sur

En la frontera hay letreros
que señalan con una flecha
hacia dónde está México: hacia el sur.

Yo siempre corro a ponerme atrás de ellos
esperando que esa flecha
               se clave en mis pasos
esperando que esa flecha
      me haga una marca en el rostro
mientras me traspasa para seguir su rumbo: hacia el sur.

Corro a ponerme atrás de cada letrero deseando que la flecha
sea un arpón y mi pecho cristal,
que se divida en mil estelas,
esperando tragarme esa flecha
como una espina,
como un ancla.
Hacia donde está México:
hacia adentro.

Gota de sal

Deja de llorar por tus raíces
ya no eres tierra
ese ardor en las entrañas
te convirtió en hoguera

A veces confundo

Me da por confundir la tierra con la madera,
el horizonte con el descanso
      y extiendo la mano
desafiando la neblina que enmudece.

Me da por confundir el miedo con los brazos
por eso me lanzo como estrella
cuando el terror de la soledad
me hace rugir las entrañas.

Confundo, todo el tiempo,
los puentes con las murallas,
aquí encontrarás mis latitudes menguadas
-cada impacto trata de detener mi paso-

A veces me da por confundir
túneles hechos de voz y miel
con el destierro.

Pero aquí estoy. De eso no hay duda.

Victoria López

Curses

Weeping. Releasing the burden of what is to come, of what has
been;
and that which has been, it did indeed break me.
Standing in the same broken place as before and I am weeping,
weeping.
Curse this eternal cycle that has clung to me all these dark years!
Curse this heart of mine, curse this life. Curses.
Allow me to weep before time has told this chapters end;
it has been written before, it will be written again.

Morning Stretch

Speak--you lay so still, has this life truly stolen your essence?
Sleep is sins solace, slumber a selfish thief;
during nights hours you are stripped of sweet dreams.
Rise awake, now. Rub the hardships from your swollen eyes.
Focus, yes; now can you see more clearly?
Exhale and release the toxins that have poisoned your weary lungs,
shrug the burdens off your slim shoulders, stretch!
Rise, reach towards the Sun's core, touch her flame with eager fin-
gertips;
live again.
Live.

White Flag

Running out waving the white flag;
not in surrender, no, we were not
designed to forfeit.
We were designed to conquer,
to reign, to survive the most brutal of battles,
the coldest of nights.
We were designed to dance in celebration of
the life that we, from our own free will, have
chosen to lead.
See, we are modern day royalty;
we bow down to no one and only bruise our knees
for those that we love.
This is the day to commemorate;
this is the day
we forge our kingdom.
Revolution.

Miriam Maldonado

Frontera caribeña

Con los ojos calladitos
y la biblia entre las piernas
me acerqué a la frontera-
a esa línea en brasas,
que perpetua el mar y el cielo
a esa distancia efímera,
entre la arena y el viento.
Arrastrando el "morir soñando"
que casi bebo,
cuando a tientas vivo.
Así llegamos,
a bailar con la inocencia
descalza
y la sonrisa pasmada
de colores hediondos
y ratos comprados
con promesas
al borde de pechos colgantes.
Con la fe enterita de lagañas
ahogando nombres
en números que tiritan en rostros 2x2.
Así llegamos,
con la ropa enredada en pedazos de madera,
y el despojo que arde en un Rey Caribe tuerto.

Anoche

Casi te soñaba,
te desdibuje para trazar tu piel
y recordar el sabor de unos labios temblorosos,
para esperar estos otros que bailan inquietantes trastocando tu yo.
Así, casi te soñaba, aparecías acariciándome la ventana de lo que
casi fue un sueño,
hasta que casi te tuve, para casi quererte
y levantándome con el casi sabor entre mi centro
casi, casi lo recuerdo.

No te seduje

Fue mi negra cabellera que ahoga tu lamento borincano
y los gitanos ojos que ahogan sombras y gritos
de lares y de otros lares y de muslos y algunas costillas extraviadas.
No te seduje
fue la letra que vacila en la pelvis de El Yunque
y medita en el espacio y en el intervalo de un pasaporte perdido,
que se adueña del tiempo y lo entreteje para crear una historia
que sólo tú has creado.

No, no te seduje, te has seducido tú mismo
porque ahí entre el café de la mañana y el coquí somnoliento
me encuentro yo.

Silvia Mar

A Cuba

Cuba, mi amor, qué escalofrío / te sacudió de espuma la espuma, /
hasta que te hiciste pureza, / soledad, silencio, espesura…
-Neruda

Me adentré en ti, en tu piel vestida de noche, a la luz del día.
Emprendí un trayecto entre la algarabía de tu malecón conmovedor.
Deambulé con el acoso silencioso del aire entre mis piernas,
por donde el sol alumbra la esperanza que alimenta tus fantasías.
Soñé en azulado, con las olas golpeándome los sueños,
con mis ojos abiertos retratando un mundo de hermosas jineteras
vestidas en *blue jeans* comprados con su cuerpo…
disimulando el hambre,
-aquella que huye en una balsa sucumbiendo en el intento-.
Más allá, entre los rincones de tus ruinas,
entre el glamour decadente de tu pasado colonial,
donde el reloj dejó de andar,
donde tus oriundos van fumándose el dolor mezclado con ron
o a sorbos de café y cantando al mismo tiempo a voz en cuello
con un matiz subversivo en sus palabras… ¡Me supe de ti!
Porque eres parte de mi América y de ella también soy hija,
como diría el gran Martí.
Cuba bendita, Cuba cautiva, Cuba de fragor revolucionario,
presiento que el final se acerca ya…

A Aylan

Vamos huyendo del odio sembrado
perdiendo patria, tierra, agua, libertad.
Vamos huyendo de la desesperación suicida,
de la suerte sombría,
de la sagrada impunidad.
Vamos ahogando la indignación en el océano
y rescatando la esperanza
de la sangre derramada por civiles masacrados,
niños masacrados, niños sin niñez.
Vamos huyendo, hermanos, hacia la otra orilla,
dejando a las alimañas su locura suicida,
dejándoles también su título de propiedad.
Vamos huyendo, abriendo el paso a las fronteras,
vamos huyendo, ya casi llegamos…
¡Despierta, mi niño, despierta, hemos llegado ya!

Yo, amazona

Desde la niña que soy,
resurge la amazona,
la costilla hecha mujer,
de caderas anchas, sinuosas al andar-.
Mujer complemento,
mujer fortaleza,
mujer corazón.
En mis cicatrices, llevo la victoria.
Soy porque existo,
porque existo, pertenezco,
pertenezco a lo que creo:
¡La causa justa!
Aun falible, creo en mí.
Del molde de mis sueños, resurjo.

Desde la niña que soy,
resurge la amazona.

Edna Ochoa

Dorso alquímico

Todo lo que fue se queda
en el envés del tiempo cantan las cosas
de espalda cantan
suplicantes manos de cactos
erosión de montes
piedras que emiten ideas vagas del origen
incandescencias del sol

canta el furor blanco del arbusto
y aquel Cristo negro
de pupila en pupila resucitándose
como las azucenas de mayo

en el envés del tiempo cantan las cosas
de los santos respiran dioses arcaicos
de los barros Nazarenos
de las atormentadas Vírgenes
por los lienzos teñidos de caracol púrpura

todo lo fue se queda
el anciano llevando su muerte a la gruta
las procesiones
las angustias que miran el precipicio
las carreteras inhóspitas
los barrancos

cantan las cosas en el envés del tiempo
sed y polvo
cantan
todo lo que fue se queda

Consonancia

Llega el día con sus dones de luz y pájaro
aire rasguñando la ventana
llega el día y la canela hierve
en diálogo con las flores blancas del par de jarrones

llega el día y la piel se expande
y el ojo acomoda su agua
su visión de sentimiento
y juega la lengua
creciendo un aluvión de palabras
como garzas refulgentes

llega el día
y los dedos se abren de la palma
sopesando el mundo
agradeciendo luz pájaro
aire agua sentimiento
mano escritura
el silencio donde la belleza
empieza como flor

llega el día y me emparejo a él
aquí vamos

Hálitos

Voy destejiendo hilos de memorias
apretando soles que durmieron pronto

me vaticinaron agua me vaticinaron ramos
y capullos
un ritual
las manos de mi madre limpiándome de lágrimas

aún conjuro al cielo
un azul que camine por el ombligo de mi soledad

anudo todo
a mi cintura

Amalia L. Ortiz

Old Colossus, Resurrected

The wretched refuse of your teeming shore. Send these, the homeless, tempest-tost to me…
—Emma Lazarus, from "The New Colossus"

What brazen giant disturbs our Mother of Exiles?
Whose conquering limbs have freed her enlightening torch?
Is her imprisoned lightning extinguished,
her beacon breached, her silent invitation revoked,
replaced with tempests thrashing the trespassing masses?

What Leviathan lurks at Lady Liberty's golden gates,
not unlike Goya's "El Coloso" with warring fists drawn
and eyes shut against its own blind violence?
Which brutish Behemoth roused by her world-wide welcome
now arrests her tranquil harbor, her huddling homeless?

El Pueblo named the occupying darkness El Pánico,
this monster relishing the fruit of Sacco and Vanzetti,
excreting a spoiled, redacted myth of Ellis Island,
and scattering to the seven seas and four winds
the banished Mother and her dispossessed children.

Rememory of Strange Fruit

with thanks to Abel Meeropol and Toni Morrison

Strange fruit not hanging, but withering in crowded, stuffy trucks
loss is expected in the transport. Drivers still get paid big bucks.
Brown bodies praying for the pardon of our southern breeze
the south resumed production of strange fruit, just not entwined on
trees.

If the fruit survives delivery, it can be bought and sold.
Market prices double if fruit is ripe and not too old.
Fruit dried and rotting in the desert, fruit trampled falling off of
trains
bondage continues in this country, though not with chains.

Growers and traffickers supply consumer demanded yields
there's a fortune to be made from strange fruit fertilizing fields.
Rememory of blood on leaves, rememory of blood at root;
the profits from the bumper crop outweigh the losses of our strange
fruit.

Fire Talkers

"The flame of insurgency has been lit."
-Felipe de la Cruz

"¿Dónde están los estudianTes?"
El PueblO deserves more substantial
answers than charreD remains, mass graves, and ash offerings.
Embers of the disappeared smOlder in
blood red blossomS against the darkness.

Finally paSsed its kindling point—
the temperature at which cOrruption burns
and Martyrs self-immolate—
Mexico spells Out demands in smoke signals.

"¡Vivos se los llevaron! ¡Vivos loS queremos!"

Tempers rise with flAmes.
"Ya nos cansamos." Tired
of the narcO state's boots
hard at the necks of the poor, The masses
stand now with *Zapatistas* and lock step with *Normalistas*
crying out wIth tongues combusting
in the language of revolutioN.
Buildings, cArs, and governments fuel 43 pyres.
Fingers wrap into fists of rock, piPe and brick
and rise into the Air with flames.

"**t**engo sangre"
algo tan sencillo y sin embargo
algo que requiere tanta historia.

-Mayra Santos Febres

Mayra Santos Febres

Abro mi sangre

(1998-2000)

quizás la sangre obliga la pose y la costumbre de cuchilla,
quizás por eso
el silencio es una promesa muerta
abro mi sangre y un olor fuerte a membranas caídas sube, ataca
esa cosa putrefacta
marina
como una isla y un destino abandonado a su luna.

II

esa cosa marina y putrefacta

un monstruo de hierro y sal,
de alga pudriéndose leve
en una costa donde ha llovido

tanto ha llovido...

pólvora.

III

¿si anduviese desnuda,
cuántas moscas anidarían
entre mis pelos?

¿cuántos muertos podría alimentar
por el mero hecho de dejarme podrir
en un charco ?

Si metiera mis dedos en la herida,
a qué sabría esa membrana desprendida

la membrana desprendida
de mi estirpe

IV

no tengo

leo todos los papeles
dicen que tengo mucho al año

pero este mes sin embargo...

(compra, madre, muertos, mis hermanos
teléfono, país, villas y castillas
una casa vieja, fregadero, una tristeza vieja
la luz)

este mes sin embargo
cuando saldo

y tengo las manos henchidas de mi sangre
(se supone que de mi, dicen los papeles)

me encuentro
con que
carezco

V

otras tintas
pulpos de otras tintas
tentáculos salen
y yo intento escribir--
"tengo sangre"
algo tan sencillo y sin embargo
algo que requiere tanta historia

los dedos resbalan.

tentáculos salen.

VI

quizás la pantalla obligue
a esta pose abierta
quizás sea
el montón de sangre que
anda por ahí ansiosa
de regresar a un ciclo con su luna

algo que le devuelva su descanso

quizás sea
ese tumbe de poema que tiene la pantalla
lo que llama a las piernas y al circuito
" abro mi sangre"- susurra

yo
imito
fiel hembra de mis tiempos.

yo
sangro
fiel cuerpo potencial de mis tiempos.

111

María Elena Padilla

Casi Cd. Juárez

Jóvenes, casi niñas, salen a su trabajo
en la mañana casi noche
la luz no alcanza a asomarse a sus ojos
ellas
de pechos nuevos
manos sin estrenar, casi
caminan la ciudad

la urbe,
agujero negro,
las engulle
enmudece sus lenguas
desteje sus cabellos
desbarata sus cuerpos
como quien rompe un trapo

el camino las devuelve rotas
o no las devuelve
su piel de ciruela se marchita en el desierto.

Éxodo

...todos buscan llegar a una frontera,
a un norte que a menudo se distancia...
Daniel Rodríguez Moya, "La bestia" (The American Way of Death).

Creí que la nostalgia iniciaría con la niebla
o con la noche bajando azul sobre las casas
en silencio y sin sombras
pero todo empezó cuando la ausencia
cuando la dilatación de la distancia
colmó el aire de un amarillo polvoriento

miles de aves migraron hacia el norte
llevando entre el plumaje lágrimas de sol
y lluvia ardiente
no pararon su vuelo ni cuando el grito sonó oscuro
y el golpe de hierro marcó el aire

para algunos fue en vano el intento de diáspora
voz y contorno sombra y eco
cayeron en la hojarasca como piedras sin sustento
el rastro melancólico del viaje permaneció
el tiempo de un suspiro
las miradas de agua se quebraron
desbordando los cauces.
Luego no hubo ni evocación de viento
ni cuerda que tensar
ni letra que decir.

Grito extraviado en rojo

¿Qué cosa es el cuerpo cuando está perdido?
-Sara Uribe, "Antígona González."

La oscuridad desciende un día cualquiera
detiene los pasos de algún joven
el viaje de una chica
ella tiene un hijo él pronto será padre
ellos no se conocen
pero sus madres marcharán juntas, buscándolos

alguien va en un taxi
alguno come en un puesto ambulante
el de más allá es artista callejero
y acá, una mujer, un estudiante y otro y otro
en un momento están en el siguiente no.
Una maldición se ha cernido sobre ellos.
él no llega al trabajo ella no vuelve a casa

deben estar en algún lado ¿dónde?
Nadie se desvanece en el aire nunca
¿por qué? ¿para qué¿? ¿quién?
la lógica no sirve en el misterio de los cuerpos

las madres oran porque sus hijos no duerman
en bolsas plásticas lejos de sus casas
huesos atomizados vueltos tierra
erosionados por los vientos o en tambos diluidos

nube sin cielo grito extraviado en rojo
la lluvia llora las letras de sus nombres.

Emmy Pérez

from *With the River on Our Face* (University of Arizona Press 2016)

Not one more refugee death

"A river killed a man I loved,
And I love that river still"
—*María Meléndez*

1.

Thousands of fish killed after Pemex
spill in el Río Salado and everyone
runs out to buy more bottled water.
Here, our river kills more crossers
than the sun, than the singular

heat of Arizona, than the ranchlands
near the Falfurrias checkpoint.
It's hard to imagine an endangered
river with that much water, especially
in summer and with the Falcon Reservoir

in drought, though it only takes inches
to drown. Sometimes, further
west, there's too little river
to paddle in Boquillas Canyon
where there are no steel-column walls

except the limestone canyon's drop
and where a puma might push-wade across,
or in El Paso, where double-fenced muros
sparkle and blind with bullfight ring lights,
the ring the concrete river mold, and above

a Juárez mountain urges
La Biblia es La Verdad—Leela.

2.
Today at the vigil, the native singer
said we are all connected
by water, la sangre de vida.

Today, our vigil signs proclaimed
McAllen is not Murrieta.

#iamborderless. Derechos
Inmigrantes=Derechos
Humanos. Bienvenidos niños.
We stand with refugee children.
We are all human. Bienvenidos
a los Estados Unidos.

And the songs we sang
the copal that burned
and the rose petals spread
en los cuatro puntos were
for the children and women
and men. Songs

for the Guatemalan
boy with an Elvis belt buckle
and Angry Birds jeans with zippers
on back pockets who was found
shirtless in La Joya, one mile
from the river. The worn jeans

that helped identify his body
in the news more times

than a photo of him while alive.
(I never knew why the birds
are angry. My mother said
someone stole their eggs.)

The Tejas sun took a boy
I do not know, a young man
who wanted to reach Chicago,
his brother's number etched in
his belt, his mother's pleas not
to leave in white rosary beads

he carried. The sun in Tejas
stopped a boy the river held.
Detention centers filled, churches
offer showers and fresh clothes.
Water and a covered porch may
have waited at a stranger's house

or in a patrol truck had his body
not collapsed. Half of our bodies
are made of water, and we can't
sponge rivers through skin
and release them again

like rain clouds. Today

at the vigil the native singer
sang we are all connected
by water, la sangre de vida.

Jesús Pérez de la Garza

Caribeña

Te extrañaré caribeña, sufriré cuando me vaya
a donde voy no tendré
la tierna pulpa de coco
ni lo tibio de tus playas
ni ron con té de canela
que me embruja, que me embriaga.

Abrázame caribeña, escóndeme en tu cabaña.

Quiero mecerme en tu hamaca
al son de las hojas secas de la palmera.

Ven, que quiero acariciarte
allá donde empieza el monte
donde termina la playa
y ver tus lindas caderas cuando
las mueves al ritmo de los tambores.

Belleza es tu piel morena cuando se cubre de arena.

Sufriré cuando me vaya
te extrañaré caribeña

si he de marcharme sin ti
o si enfermo en otra tierra
vendré por última vez
a dejarte el corazón
al pie de aquella palmera.

Y quiero verte bailando, antes de morir.... morena.

Divina virtud

Discreción, virtud de unos cuantos,
sé mi aliada mientras trato de olvidarla
ayúdame a no gritar cuanto la amo
porque mi boca ni en silencio puede pronunciar su nombre.

¡Perdóname Dios mío!
Sé que su boca
para mí es un fruto prohibido
pero en sus ojos hallé
la fuente del manantial divino.

Confieso...
que me enloquece el natural aroma de su cuerpo
y me embriaga el tibio aliento que su nariz exhala.
Discreción, virtud de unos cuantos,
sé mi aliada mientras trato de olvidarla.

Luna, siempre tan tranquila y tan callada
pero eres eterno testigo...
y cómplice de amores prohibidos,
te ruego que esta noche...
no ilumines nuestro lecho de lirios.

Mi baúl

De tanto andar por veredas
se me han cansado los brazos
....se me ha gastado la vida.
Por las veredas
vacié el baúl de ilusiones
y lo llené de recuerdos
....que cuido como a un tesoro
y que llevaré conmigo
en el día de mi partida.

Ambiciono solamente vivir un día más.
No pregunten cuál será mi último deseo
porque éste se cumple cada día.

John Pluecker

Please

you there, don't write about this — I think I hear
a mockingbird scream —

either the pen lies or you could never
keep all the oranges in the air
or rabid beasts dive-bomb
lonely schoolyards, mechanic shops
brown streaks cross
crepuscule, fly low through canyons
comida china tortillería,
dusk-lit bodies, and a man
on the sidewalk sweats through
First Baptist Church
Cook-Off or bats pine for a bite
radar leftovers in the littered stands
garbage cans or unquiet doves alight
from rooftop in the night, un-sinister
shadows or everywhere accordions squeal or
trumpets trumpet or a dull back beats
out the pain or the tiniest tiniest pink skirted kid
slips down from a dusty minivan's gaping port,
waves to the driver
lunges forward
into the angled
rays of sunlight,

whatever it was
will slip from your hands
thud like oranges.

Take this Tongue

El muro de este lado, el invisible del otro,
crossing gets tiresome, y al parecer, es imposible to shake this
tongue.

Aunque sea inesperado,
the dust invades the tiniest crevasse, too late to remake this tongue.

How could I imagine en español?
No sería más honesto decir, de plano, that I did, in fact, take this
tongue?

Ya pasaron los animales, los rabiosos vigilan, it's broken
a million shimmering pieces, didn't we break this tongue?

Al lado de los rieles, an old man sits with his head low,
sin saber pronunciar, denunciar, decidir just who did forsake this
tongue.

Menciona Ezequiel Hernández, los 19 de Victoria, hell,
Guadalpe Hidalgo. Huímos, huímos, but still we try to unmake this
tongue.

El gringo de cara rojiza, el pelo seco y hecho ceniza habla
una lengua que queda in between, siempre. Is he just trying to fake
this tongue?

Pusieron unas tablas de madera en el cimiento, baila gente
de los dos lados. Preguntan y preguntamos, is it just a cruel mistake
this tongue?

¿Podría deshacerme de este lengua?
Let's go swimming, quitarnos este ache, this tongue.

Just all of us, raudales, arrabales, bacanales,
quizá podemos encontrar agua, water to slake this tongue.

We wander
en los callejones, en la nada, imaginando cómo se pudiéra remake
this tongue.

Let Us Imagine Flowers

After Pedro Montealegre

i'm going to go out and take a walk now. i have so much is it sadness or is it shame, like a little shame. or is sadness mixed with a little shame now. the literature of the "third world" appears in a "with-
it translatese," this mix of languages. of the best. i didnt understand
what anything meant. you smiled though later they said you were
doing very badly. you were, they said, afraid of certain things that
won't be mentioned in this poem since you never mentioned them
to me. much "pena." one word that means one thing in one country,
one hemisphere, and something else entirely in another. it is not a
unique occasion. it is not something new or different to say that the
same word can mean different things in different countries, in different hemispheres.

there is nothing new about this story and yet the idea of a "light-
ened form of shame" "a smaller shame" is still a kind of cousin of
sadness, dont you think. and yet if you didn't know where i was
coming from or if the time was not taken to understand our differ-
ing contexts, the meaning would be lost. you did not feel shame, i
hope. you probably felt sadness. and i understood that immediately,
because our friend explained that to me, or i imagine he explained
that to me on the patio there. an embrace is not the same as a hug.
but "abrazo" is somewhere between the two. a hug feels so quick
and flippant when compared to an "abrazo." even the rapid one syl-
lable-ness of a "hug" feels so fast, so un-considered, so anglo and
airy and un-attached, the palm thumping three times on my back.
in contrast, the three syllables of "abrazo" hang on, hold tight, grip
strong and fastened, not fast. the three syllables saying: it's a long
long way down.

there are some thing best left un-said, i think. both of us ramble until something makes sense or until everything is said even though nothing ever makes real "sense." you told me that we are the ones who are left with the pain. it's an inheritance, i think, something passed on. i started to read the poor human prose and i made a list of quotes that helped me somehow. a lot of my closest friends are neo-barroco, and i don't understand them really without translating: your howl and your breakdown, temporary and your pants / with the scent of petroleum. consecutive images: / the lightness / the doubt / the duration. and in case i say your name, say it is / beauty what drives others / pushes them / leads us away.

Brenda N. Riojas

Like a String of Precious Stones

They shall not wither, my flowers,
they shall not cease, my songs.
-Nezalhualcoyotl (León-Portilla 1969:89)

Salve, the yield from blood and marrow,
inked on to the page -
truth, breath, the sacred in the now.
Even the Nahua kings paused
war for words,
flower and song,
in xochital in cuicatl.
Words like jade, quetzal plumes, and flowers,
salve, breath inked on to the page.
Each word tuned, cadenced to intoxicate,
to live beyond the now,
to pull colors from the sky and the ocean,
from the maize, the gold of the fields.
"I see my song unfolding in a thousand
directions like a string of precious stones."
The wisteria beneath a Tex-Mex moon
intertwines its fragrance with the temporal,
clings to *terra firma*, seeks permanence
as my fingers sow new seeds,
space each word into meaning.
Floricanto. Salve, breath,
words poised to dance - the sacred in the now -
poetry.

In the Words and in Bird Song

They know the wind takes over on a whim; unconcerned
with anger's tantrum, mourning doves, sparrows and house wrens

carry on with their morning symphony in my backyard, wait
for the yellow kiskadee to join them; new gardenias

bloom, lizards scurry in all directions. "In suspense
and incomplete," my days crowded. I lose focus. I try

to find my direction, but nothing is mine. Rage chases
me. I wake from dreams embroiled in turmoil. He calls.

I try to listen in the "sound of sheer silence;" words
settle me. Poised in prayer the ink explores
pathways, looks for entries, exits, the voice in the crowd.

Fire Walking

Sometimes we are tempted to
listen to the ancient whisper
in the garden –
You shall be like gods.
How alluring the temptation,
how easy we succumb. We push
through the crowd, displace God
to place ourselves at the center.

Rational beings, we justify
our inclinations, our trips,
our falls. We pretend we are
not vulnerable, know we are.
The sun woke up before me
this morning; the side I fail
to tame took notice. While
he allows us to start over,

shame makes me want to turn
away, hide my own nakedness
in the garden, my conceit. I
deplore arrogance that persuades
me – "I can decide." The weight
we carry, the failed tries, yielding
as prey to the whisper, the lie.
We walk on consequences, hot
coals we ignite with insolence,
the match of disobedience.

Graciela Salazar Reyna

Ofrezco

mi corazón por un ala viva de paloma
el cantar de mi canario desgajándose al sol
tembloroso rayo que salta al cielo y florece
pequeño capricho de retama

amanecer al término del día en ese viaje
cabeza blanca erguida entre los picos
donde se llaman transparentes las nubes
¡qué bien si llovieran!

mi noche por el aliento fugaz de esa estrella
que imprime la pupila al alma y se queda
poco a poco segundo a segundo palmo a palmo
sin proponérselo

este día por una bocanada lunar que betune azul
mi pezón de amamantar sólo una noche
la de mi niña temerosa cabellos largos mirada triste
aquella que gritaba el silencio

completa voy por un tris en tus brazos
yerba y frutas de estación por mis horas
con amigos amores o sin ellos viandante
insistiendo ser a final del día.

Sueña que soñamos

Ella sueña que somos quienes soñamos
pero es el día que se nos mete y oculta
donde nadie más que uno
el implicado vea su cara
con sol o sin él
barajando tristeza y alegría

ella deshoja los pájaros
sus cantos amarillos y de amar
arreándolos como guirnaldas
mariposas
para bosquejar las ganas
.volar
cuando venga la primavera

II
asalta el sueño de los migrantes
porque no llena de soñar
promete en vano ruedas con fortuna
tiovivos y volantines
se engaña engañando a quienes quieren
soñar
su atrevido disfraz

Plenaria

A ella como la de José Alfredo no le importa escuchar
ni mirarnos o tirar a distancia lazos salvaguardas

emerge vaciando sus ímpetus al océano del mundo
para que la miren derramada en amores porque quiere

desbarranca plena plenaria entre llanos y montañas
irguiéndose luego al antojo de su propia degustación

plata candente viajando desamorada por nuestros ríos
ahí paso y pasas alguna vez dispuestos a ahogarnos

caprino queso en que ayer se inflama perfumando
plenilunar amante cazador en pena del siglo veintiuno

a veces sombra o brillante puntal me tienes galáctica
un martes cualquiera ansiando contigo hacer la noche

II
Plenaria nos tomas en tu *espejeante* red de frío
míranos más
para encontrarnos en tus ojos de leche
tibia como el verano del patio que todos recordamos

III
Plenilunio derretido en los pliegues de una noche
de amores que no piden permiso y se *lunean*
qué importa si el asfalto se enfrió para siempre o no.

Leticia Sandoval

Identidad

Los recuerdos de mi tierra
los llevas en tu piel bordada

Los valles y las montañas
en tus formas y medidas.

La franqueza de su gente
reflejada en tus pupilas.

Los ancestros y costumbres
en el corazón henchidas.

Las selvas y sus bosques
en tus risos y en tu porte.

Las cascadas de sus aguas
son la fuente de tus risas.

Sus lunas y sus soles
en tus besos de colores.

Cómo no amarte más
Si eres mi patria y mi hogar.

I

En otoño
Todos los amaneceres
Son inicio.

II
La muerte
Curandera
de todos los males.

III
Si no sueñas
mueres.

El guardián

Tú que eras patio central,
pasillo, arco, paréntesis sin tacto.
Luz de enredadera.

Te mueres. Sí, te mueres

La muerte se lleva
tu higado, tu pulmón
tu voz sin frontera.

Disimulando memorias,
serruchando promesas.
Aquelarres eternos
te arrastran, te trepan.

Enlazando espacios
de lluvias azules
con tus rosas negras.

Eréndira Santillana

Tierra prometida

Voy a estar en un lugar mejor
¿Pa'qué vivir allá? Donde la violencia no es mal...
¿Pa'qué seguir así?
Una vida en el viento se va... es un grito...

Mi lengua me exige un oasis,
en este desierto infernal,
mi sueño, maldita pesadilla,
mi vida, cruel realidad.

Huyendo estoy...   *...a-gua...*
del matadero...   *...san-gre...*
¡Pido misericordia!»

[...]

¡Estúpida sed!
¡Maldita ingenuidad!
¡Ya pa'qué regresar! Desorientada y con dolor en los pies.

[...]

No-pue-do-so-por-tar-lo...
agua...   ...agua...
piedad...
agua...

El colmo es:

que te tilden de «malinchista» en un mundo globalizado
en el que todos somos extranjeros
hasta en nuestra propia psique;
que te juzguen por propagar lo hegemónico
en la lengua del sujeto colonizador
       esa que amas, pero no escogiste aprender.

       *

Caminar por las calles de Madrid
cuando aún desconoces
los vestigios del corazón de México
lugar donde nació el hijo pródigo,
lugar donde cayó la madre maldita,
porque solo las mujeres causan el destierro del paraíso
sea este El Edén o Tenochtitlán.

       *

Que tu perplejidad se deba a una tradición
impuesta por hombres vacíos,
            por mujeres resignadas
que los ideales de O. Paz sigan vigentes;
que seas chingada por Dios, el gobierno
y por ti misma. Amén.

       *

Que te conformes con lo poco que te ofrecen
los libros de historia, Loret de Mola e incluso Denisse Merker;
que te ciegues por lo atractivo de Eugenio Hernández y EPN
porque votaste por ellos, incluso sin credencial de elector.

       *

Que regreses tus palabras de «la punta de la lengua»;
que solo grites hacia adentro
que, sigilosa, tragues tu rabia
que no plasmes la palabra por no saber versar
que digas que desconoces un arte porque NUNCA
te lo han enseñado,
que no te molestes en aprender
que seas mexicano para el mundo, excepto para México;
que dejes este poema «a medias»

Deconstrucción

[Ser o no ser]
Encarnación del paradigma
espejo de la cristiandad
paloma para el nido
la *otra* para el *uno*
androcéntrica
perfecta
mito
Yo

.

Amanece y estoy muerto.
Me llevan por las calles como a una zalea,
enturbio los palacios, me duele la cabeza,
estoy gordo de miedo.

-Julián Herbert

Julián Herbert

Mac Donald's

Nunca te enamores de 1 kilo
de carne molida.
Nunca te enamores de la mesa puesta,
de las viandas, de los vasos
que ella besaba con boca de insistente
mandarina helada, en polvo:
instantánea.
Nunca te enamores de este
polvo enamorado, la tos
muerta de un nombre (Ana,
Claudia, Tania: no importa,
todo nombre morirá), una llama
que se ahoga. Nunca te enamores
del soneto de otro.
Nunca te enamores de las medias azules,
de las venas azules debajo de la media,
de la carne del muslo, esa
carne tan superficial.
Nunca te enamores de la cocinera.
Pero nunca te enamores, también,
tampoco,
del domingo: futbol, comida rápida,
nada en la mente sino sogas como cunas.
Nunca te enamores de la muerte,
su lujuria de doncella,
su sevicia de perro,
su tacto de comadrona.
Nunca te enamores en hoteles, en
pretérito simple, en papel
membretado, en películas porno,

138

en ojos fulminantes como tumbas celestes,
en hablas clandestinas, en boleros, en libros
de Denis de Rougemont.
En el speed, en el alcohol,
en la Beatriz,
en el perol:
nunca te enamores de 1 kilo de carne molida.

Nunca.

No.

Festín o circunstancia

Como hace varios años que no logro dormirme,
me convertí en la noche que conocí en los libros.
Largos tramos de luna sobre rocas pulidas
y afluentes que se engastan en caracteres chinos.
La mirada de Uther en el talle de Igraine
profetizándole la muerte al duque de Cornualles–
y con ello vergüenza, guerra y blasones, triacas
de láudano que anieblan el insomnio.
Vino ático, cerveza nórdica,
vestimentas ganadas en un juego de azar.
Música de laúd, ángeles en el sueño,
sobrecitos de droga debajo de la mesa
que van de mano en mano.

Amanece y estoy muerto.
Me llevan por las calles como a una zalea,
enturbio los palacios, me duele la cabeza,
estoy gordo de miedo.

Cuando vuelve la noche vuelven mis pesadillas
y me siento feliz:
siluetas homicidas en espera del rey,
túneles que unen cárceles y mares,
codornices rellenas,
en los baños del banquete,

Salomé y la cabeza de San Juan.

Frisos de plomo que envilecen las tertulias
de la mente. Fecunda periferia,
suicida rosa mística, núbil oscuridad.
Festín
o circunstancia.

El corazón del sábado en la noche
(Tom Waits bebe con Li Po)

El viento baja del bosque. La luz del bulevar
baila como una vela en el pretil de una ventana.
Cielo tibio. Las montañas forman una corona
alrededor de nosotros. Alguien habla de futbol
entre el llano dormido del estacionamiento
y los gritos que salen a la puerta del bar.
Por la barra, las luces de colores
saltan vasos vacíos,
como en un juego de damas chinas.
La música es un río tembloroso de estrellas.
Una botella de vodka
hace más transparente la luna.

Priscilla Celina Suarez

Tamales for Breakfast

with the comal warm enough, welo throws on
the tamales – corn husk and all.

it took a village to prepare them.
takes only two to devour the last dozen.

welo, which is your favorite tamal?
las más rellenitas.

güerca, and yours?
bean and cheese.

the day is not set but our evening
of telenovelas and corajes has long been planned.

coffee swirls around the table
pressing its grounds to our ears.

we laugh, shaking our fingers to cool them
after pulling tamales onto our plates.

pero bien tostaditas in their second serving
spreading their warmth inside us.

we sit in silence and wrap our senses
around this small, sheltered world.

Invisible Borders

*"Dime con quien andas y te dire
quien eres."* It is a dicho as natural
as the next thought.

In our culture
your roots are your ties,
but they are not your future –
at least, that's how it feels.
>Tell me who I am y te dire
>I am confused. The holidays
>of jumping culturas
>have transitioned. Nímodo.

I made excuses. I confused
myself with theories. I jumped
from skin to shell
with my lenguajes –
that's what my borders gave me. Infinite
roads of luck and legends.

>Leyendas – that's what my sobrinos
>know of our frontera roots. Rooted,
>in all honesty.

That absence of confusion will be
their invisible border. Not knowing
what it feels like
to be uprooted – not knowing
lenguajes consist of more than
what you can hear.

I listen to their voices and
understand
they know only of belonging
while I struggle
to pertain –
invisible borders
shutting
and keeping me out.

Nímodo.

Javier Sierra

El lagrimal de mis luceros

Lentes oscuros y camino al trabajo ajeno,
por vez primera, pasmado y roto el tiempo,
me presenté con el llanto
encantador de verdades
nos conocimos un rato
altercamos un otro
reprochamos amores
quedamos inquietos
vacíos
bien plenos
nos despedimos al arribo del oficio ajeno.

Desde aquel ayer
ya un tanto distante,
al llanto traigo perdido
entre añoranza y desvelo,
las bestias y el defecto.

La fealdad caracteriza nuestro tiempo
y el lloriqueo de los ingenuos
al cual llaman llanto sin serlo
y en pequeños instantes de consuelo
repentinamente lo sorprendo,
merodeando el lagrimal de mis luceros.

Océlotl

Agazapado, agonizante,
como toda criatura salvaje,
seguidor de mis fieles instantes
donde la penumbra es luz
de una magia pasajera.
¿Qué será lo que será
de esta vida un tanto ajena?

Insisto,
como me parezco a mis instintos.

Observo pero callo,
digo lo que olvido,
recuerdo los momentos
ajenos que vivimos.

Desisto,
todo me parece instinto.

Huellas

Nunca caminé mis huellas
y jamás lo haré otra vez
revolcado en odios
que en ayeres solía morder
soberbia confianza extasió mi ser
avanzo despacio de espaldas y ve
las huellas del alma que dejé

Javier Tinajero Rodríguez

Time well spent

El tiempo poético
es tiempo que se derrama
v
e
r
t
i
c
a
l   mente
a trote   acelerado
          en abrupto contrapunto
   momento absoluto
               eudaimonizado
en ebullición
es el tiempo bien gastado
y quizá
el tiempo aire más caro
el espectáculo de medio tiempo (tiempo en medio)
más edificante
más bello
          inexorablemente   íntimo
                    instantáneo
y gravoso
sin permanencia voluntaria
butacas vip
o valet parking
su moneda de cambio es
desde los días de Homero
                    la vida.

Poética del fracaso

para cambiar   el significado de algo
quítate el nombre   me dijo
      (un viento que seca la ropa)
un sol que cura   al quemar
el bosque   sin centro
adentro   es un incendio
es anoche   ser

a veces contengo el aliento
para tratar de vencer a la muerte
pero el instinto de respirar me somete
como cuando te mueres en un sueño
y te sorprendes despierto
                    aquí
de nuevo ante el vendaval de la vida

no hay vida   sin muerte
no hay muerte   sin vida

por eso respiro en silencio
para que la muerte no se de cuenta
que estoy escondido en otro sueño

busco lo cierto: un sol que despierte la posibilidad
un olvido que me traiga de vuelta

a veces para cambiar el significado
hay que cambiar lo insignificante
porque el único sentido que la poesía tiene
es darle sentido a lo que no tiene sentido
como el sabor del agua

como la sed que pervive cada que buscas
una palabra más entre las que ya usaste
como cuando posees el rayo de la lucidez
y lo único que quieres es darle a alguien en la cabeza
como cuando la poesía misma te dice que te calles
como cuando la poesía fracasa
y te das cuenta
que basta un silencio para decir todas las cosas
una pausa para conocer todas las cosas
un relámpago para no salir de casa.

El tiempo rueda, 2016

Vanessa Torres

Con malbec del subdesarrollo

"Y yo sólo tengo ágiles besos casi inéditos"
-Raúl González Tuñón, "Escrito sobre una tienda de Montparnasse"

Traigo la boca mojada de atraso, tan apasionada por llegar un día al
primer mundo,
tan deseosa de alcanzar ese cielo de deprimidos
y adinerados cerebros de progreso.

Traigo ropa interior, ya raída de memorias, llenas de recortes de
periódicos
papeles olvidados,
para renovarla en un mundo en flamantes y sofisticados modelos de
nuevo humano corroído.

Traigo colgados de los pechos las noches en las esquinas de la plaza,
noches en que buscaba a mis silencios en la galera o el potrero
y no podía seguirle el rastro a la vida.

Traigo una bolsa pequeña llena de inmensidades de mi suelo,
de mil aromas que irrepetiblemente me recuerdan
eso de que vivo en un mundo al que siento lejos.

Traigo el cabello atropellado de pasiones tan actuales,
tan vivas y desbordadas,
la boca inundada de señales del amor que se talla con amor,
del sabor de un malbec adueñado del sur, de tu mirada,
de la nostalgia,
y lo imperfectamente felices
y tristemente humanos que nos encontramos
tan ajenos y distantes de esto que otros llaman paraíso.

Retrato 1

No es falta de cordura,
es simplemente falta,
de los fantasmas en los techos de Lisboa
de tu boca atravesando trafalgar,
de mis ojos trazando una línea que juntara las puntas del Atlántico
y la Habana
y Cádiz en mi pelo.

No es falta de cordura
es simplemente falta
de eso humano que persigue más que a la propia sombra
de levantarse cada día,
con el rostro recién inventado
no recién maquillado
para la comedia delirante de la realidad.

Era falta de escenario y suponía falta de cordura
era todo poesía.

Retrato 2

Yo recorro en tus labios las calles empedradas
las escaleras nocturnas
y un borde de piedra,
un puerto,
donde una mujer como yo
fue feliz.

Entre despedidas

Te dije que te quiero con las alas sucias
y las sombras de la lluvia
en medio de este maremoto triste
que es el silencio.

Te dije que te escribo siempre entre las despedidas
hermosas, mansas, silenciosas,
vértigo de tambores en las entrañas
y espanto de cambio,
de melancólica ternura
llena fatiga.

Es un tiempo estrecho,
entre las guerras
y la caída al desamparo,
y por eso mismo este errar
este decir: "exilio mío"
se hace cuerpo
y me pesa entre tus brazos.

Eduardo Vargas López

Basilisco

Coronar con ínfulas blanqueadas
la infectada retórica del mundo,
salando monte y páramo fecundo
con iconos de plata mancillada

la mirada tendida lacerada
por veneno de bálsamo infacundo,
petrifica los miembros en rotundo
relámpago cual grácil bofetada.

Tu aleteo es filípica que impones
con tu espada de moral impoluta,
reyezuelo sin pecho de leones.

Escuerzo, te valiere más la gruta,
que mostrar por tu boca las pasiones
del erial, el ricino y la cicuta.

A Patroclo

Veinticinco años de guerra dejan su huella en los neumas del aedo.
No queda íntegra ninguna lanza,
ningún escudo está libre de la grana de la batalla.
El cansancio en los arcos es más que evidente,
su coro ejecuta una rapsodia vacía.
Los caballos recuerdan las flores que pastaron,
desdentados están los perros de caza.
Yo bajo tierra mezclado con tus huesos.
Mi andar por el Hades parece elíseo laurel,
las monedas las he gastado para llegar a tu encuentro,
yacemos juntos,
estigia lluvia calcina y muerde al mismo tiempo.
Tu beso me valió la muerte.
Tu beso fue cicuta y panacea.
Borraste de mis labios la leche de los pechos maternos,
la medula del león propedéutico,
la sangre del adversario canibalizado,
el sudor de las gestas agónicas.
Las batallas no fueron nuestras,
el mundo y las lealtades nos hicieron tomar partido.
El mundo te arrebato de mí,
en mi ira me arrebate del mundo,
el mundo indemne como los muros de Ilion.
Las guerras se ganan con mentiras,
así debimos permanecer,
a pecho descubierto solo se obtiene el honor y la muerte.

El río

La razón ha sido decapitada,
cegada la misericordia,
saetas resplandecen clavadas en el yermo,
pedregal, osario,
el golpe tritura por igual bronce, roca y cráneo,
"descendió la tiniebla sobre los ojos".
La herida de la espalda chilla como un animal,
de rodillas con manos llenas de vísceras,
es fácil olvidar la prudencia.
Miedo, insolencia e ira
emanan de llagas,
el caudal arrastra podredumbre,
ante gemidos las aguas se horrorizan.
Los jóvenes beberán mañana su propia sangre,
implorarán con manos levantas,
no tendrán lecho fúnebre,
guardarán la esperanza de que el agua los acoja,
ropajes son innecesarios ante el río y la muerte.
-Mira como las olas te buscan,
tus crímenes no se ocultan en llanura,
no te sujetarán olmos,
marismas serán tu tumba.
Puedes dominar fuegos y aterrorizar a hombres,
yo estoy cansado,
de remolinos huyen peces,
me revelaré,
ni las divinidades te salvarán,
no vencerás a la naturaleza,
regresaré a mi cause y borraré de la rivera tus vicios,
la ciudad cerrará sus puertas.
Las aguas volverán a ser potables.

Javier Villarreal

Frente al mar

Estás frente al mar, madre
despierta en el sueño de la vida
tus hijos, luz de tus ojos,
son golondrinas de ocasión
se pierden en la distancia
o se pierden en las alturas.

Estás frente al mar, madre
despierta en el sueño de la vida
y yo espero tras las rejas de la sinrazón
ser absuelto de la *mea culpa*
escribiendo y compartiendo tu pena.

Estás frente al mar, madre
despierta en el sueño de la vida
es el viento quien acaricia tu rostro
son las olas que dan serenidad a tus días.

Sola estás, madre, frente al mar
despierta en el sueño de la vida.

Angelita

Una pregunta
un asalto
un asalto
una pregunta.
¿Y mamá?
El asalto me lo trago
mas la pregunta se derrama
en arena de mares sin memoria
donde las manos rotas del tiempo
a la deriva entrelazan los días
son aves sin viento con alas heridas.
Ah, la abuela, nada escrito, tía
es tan simple su presencia
como la puesta del sol donde germina
brota y se desprende un nuevo día.
Ah, la abuela, tía, la abuela.
No, nada escrito todavía.
Nada escrito, tía.

\

Entre las manos del tiempo

Las manecillas del tiempo
hacen malabares con nuestros días
entre luz y sombra se desvanece
su imagen en la fantasía
donde se maquillan otoños
con rosas secas y sombrías
de érase una vez un romance
de madrigales y jardines
de una espada y una flor
en la fragancia de la vida
cuando las noches eran luz
y su presencia poesía.

Biografías Poetas de Honor

Juan Felipe Herrera (Fowler, California) es autor de multiples colecciones de poesía, incluyendo Notes on the Assemblage (City Lights, 2015); Senegal Taxi (University of Arizona Press, 2013); Half of the World in Light: New and Selected Poems (University of Arizona Press, 2008), beneficiario del premio PEN/Beyond Margins; 187 Reasons Mexicanos Can't Cross The Border: Undocuments 1971-2007 (City Lights, 2007); y Crashboomlove (University of New Mexico Press, 1999), una novela en verso, la cual recibió el Premio Americas.

En las últimas tres decadas, ha fundado un número de presentaciones artísticas, y ha enseñado poesía, arte, y actuación en galerias de arte para la comunidad y reformatorios. Ha enseñado en el Taller de Escritores de la Universidad de Iowa y ocupó el cargo de director para los Estudios Chicanos y Latinoamericanos en el Departamento de CSU-Fresno.

En el 2015, Herrera hizo historia al ser nombrado el Poeta Laureado de Estados Unidos, y lanzó el proyecto La Casa de Colores, el cual invita a los ciudadanos a contribuir a un poema épico.

Lucha Corpi (Jáltipan, Veracruz, México), es una poeta, novelista, y autora de libros para niños. Es reconocida internacionalmente y considerada un pilar en el mundo de la literatura Chicana.

Es la autora de varias novelas de misterio publicadas por Arte Público Press: Death at Solstice: A Gloria Damasco Mystery (2009), Eulogy for a Brown Angel (2002), Black Widow's Wardrobe (1999), Cactus Blood (1995), y Crimson Moon (2004). Loa a un angel de piel morena (2012) es pionera a la serie de novelas sobre Gloria Damasco ya disponible en español.

Su colección de poesía, reimpresa por Arte Público Press en el 2001, se titula Palabras de mediodía / Noon Words (2001). Un libro de imágenes de Piñata Books, The Triple Banana Split Boy / El niño goloso se publicó en el 2009.

I

Saúl Ibargoyen (Montevideo, Uruguay), poeta, narrador y ensayista. Radica en México desde 1976. Fue director y coordinador del sello y revista Aquí Poesía, Montevideo; jefe de redacción y subdirector de la revista Plural (2da. época), México. Colaborador de Aquí Poesía, El entrevero, Archipiélago, Tinta seca, Casa de las Américas, Excélsior, Plural y otras. Co-fundador de la revista mexicana Archipiélago.

Actualmente, es maestro en la Escuela de Escritores de SOGEM y editor de la Revista de Literatura Mexicana Contemporánea publicada por acuerdo entre Ediciones Eón y la Universidad de Texas en El Paso, Texas, EUA.

Ha viajado por unos 30 países en cumplimiento de actividades culturales y literarias. Traducido al inglés, francés, alemán, ruso, bielorruso, portugués, árabe, esloveno. Premio Nacional de Poesía "Carlos Pellicer" 2002.

Antonieta Villamil (Bogotá, Colombia), es poeta bilingüe, editora, cantora y traductora. Desde 1980, Villamil reside en Los Ángeles, California, donde fundó y coordina el festival literario Poesía Féstival, así como la revista de nombre homónimo, y dirige la editorial Caza de Poesía desde 2003.

Villamil es autora de más de una decena de libros de poesía, entre los que se encuentran: Los acantilados del sueño, Fénix Muisca, Diálogo de ínfimas cosas, Soluna en bosque: Conjuros para invocar el amor, País al viento, Trueque de América Malinche, Lamentación por el Poeta y Arcana de los dominios imaginantes. Arcana de los dominios imaginantes es la antología personal de Villamil en la que se recopila su obra publicada hasta 2012; un compendio de poesía, prosa poética y poiesis que abarca 40 años de trayectoria literaria.

Armando Alanís (Nuevo Leon, México), conocido como el bardo de las bardas es un poeta y promotor cultural mexicano, director fundador de Acción Poética que consiste en pintar las bardas de la ciudad con frases amorosas versos y textos poéticos. Ha editado más de 20 libros de poesía y se encuentra incluido en la antología general de la poesía mexicana editado por Juan Domingo Arguelles.

II

Entre su obra se encuentra Nada que ocultar (Editorial Aldus y Gobierno de Yucatán, 2011), Revivir de entre los vivos (el tucan de virginia, 2012), Puerta entreabierta (canapé 2012), King kong se enamora de una de su tamaño, (Poetazos, 2013), Portazo en la nariz de la musa (antología) (metáfora ediciones, 2014) Guatemala y Balacera, UAEM (2015).

Mayra Santos-Febres (Carolina, Puerto Rico) es una escritora puertorriqueña. Comenzó a publicar poemas desde el 1984 en revistas y periódicos internacionales tales como Casa de las Américas de Cuba, Página doce de Argentina, Revue Noire de Francia y Review: Latin American Literature and Arts, en Nueva York. En el 1991 aparecen sus dos poemarios: Anamú y manigua, libro que fue seleccionado como uno de los 10 mejores del año por la crítica puertorriqueña, y El orden escapado, ganador del primer premio para poesía de la Revista Tríptico en Puerto Rico.

En el 2010 la editorial Trilce de México publicó Tercer Mundo, su tercer poemario. Además de poeta, Mayra Santos-Febres es ensayista, y narradora. Como cuentista ha ganado el Premio Letras de Oro (Estados Unidos, 1994) por su colección de cuentos Pez de vidrio, y el Premio Juan Rulfo de cuentos (París, 1996) por su Oso Blanco.

Julián Herbert (Acapulco, México) es un poeta, novelista, cuentista, ensayista, músico, profesor y promotor cultural mexicano. Tuvo una infancia difícil, con una madre con la que de niño vivió una vida errante por todo México. Esta vivencia —ella murió de leucemia en 2008— la transformará más tarde en su novela Canción de tumba, elegía a "la muerte de su madre, una vieja y agonizante prostituta".

Estudió literatura española en la Universidad Autónoma de Coahuila, estado en el que reside desde 1989. Herbert debutó en la literatura con la recopilación de cuentos Soldados muertos (1993), posteriormente escribió cuatro poemarios antes de publicar su primera novela Un mundo infiel (2004).

III

Biografías

Paola Authiêvre (Valparaíso, Chile) es técnico en turismo, locutora y productora radial. Authiêvre ha cursado talleres poéticos en El Instituto Chileno Francés de Cultura y en El Aula de Escritores de Barcelona (España). Asimismo, ha participado en el *Hispanic Writers in the Schools Program* organizado por Umass-Boston, brindando talleres de iniciación a la escritura a jóvenes matriculados en escuelas de Dorchester y Chelsea. Authiêvre ha participado con sus poemas en el *Hispanic Writers Week Community Program* y colaborado en actividades culturales en el *Massasoit Community College.*

Abel S. Badillo (Río Bravo, México) escritor tamaulipeco que reside en los Estados Unidos desde los 21 años. Siguiendo la pasión por la escritura que surgió desde su adolescencia, época en la que destacó en concursos de cuento y poesía, Badillo retomó el quehacer literario hace seis años. En la actualidad, Badillo se encuentra en el proceso de publicar su primer libro de cuentos.

Tania Barringer es una poeta que reside en Odessa, Texas. Barringer ha participado en diversos encuentros literarios tales como el "Encuentro de Mujeres Poetas en el País de las Nubes" (Oaxaca, México), el "Encuentro de poetas en Cd. Juárez" y el "Encuentro de poetas en C. Cuauhtémoc". Sus poemas han sido publicados en *Poetazos*, en una recopilación de poesía para la UACJ, así como en la recopilación de poesía a cargo del Banco Serfin.

Rebecca Bowman (Los Ángeles, Estados Unidos) narradora, poeta y dramaturga que radicó durante muchos años en Ciudad Victoria, Tamaulipas. Becaria del CONACULTA y del Consejo Estatal para la Cultura y las Artes de Tamaulipas, Bowman obtuvo el Premio Estatal Juan B. Tijerina en cuento, el Premio Estatal de Cuento del ISSSTE y el Premio Internacional de Dramaturgia Manuel Acuña. Ha publicado varios libros incluyendo *Los ciclos íntimos*, *La vida paralela*, *Horas de visita* y *Portentos de otros años.* Sus cuentos se han incluido en diversas antologías y sus obras de teatro se han puesto en escena en varias ocasiones.

Christopher Carmona was the inaugural writer-in-residence for the Langdon Review Writers Residency Program in 2015. His story, "Strange Leaves," was the third finalist in the Texas Observer Short Story Contest of 2014. He was also a Pushcart Prize nominee in 2013. He has been published in numerous journals and magazines including *Trickster Literary Journal*, *Interstice*, *Bordersenses* and the *Sagebrush Review*. His first collection of short stories entitled *The Road to Llorona Park* was published by Stephen F. Austin University Press in 2016. He has recently co-edited an anthology called *Outrage: A Protest Anthology about Injustice in a Post 9/11 World* for Slough Press and was a co-editor for *The Beatest State in The Union: An Anthology of Beat Texas Writing*. Carmona has two collections of poetry: *beat* and *I Have Always Been Here*.

Irma Carranza (Nuevo Laredo, México) estudió en la Facultad de Ciencias Químicas de la UNAM, aunque su vocación es la aviación, en la que comenzó a trabajar desde 1952. Se casó con un aviador naval argentino con quien tiene cuatro hijos. Fue representante legal de más de una docena de operadores aéreos, cofundadora del primer taxi aéreo en México, impulsora de la fabricación de aviones agrícolas, representante de EMBRAER y participó en la creación del primer sistema público de ambulancias aéreas en el mundo. Carranza es autora de *Compartiendo mis alas*.

Nora Lizet Castillo Aguirre (Monterrey, México) es ensayista, poeta y narradora. Actualmente prepara una tesis doctoral sobre el discurso femenino en la narrativa de Nuevo León. Ha sido catedrática a nivel profesional desde 1989 en la UANL y el Tecnológico de Monterrey. Castillo Aguirre ha participado en diversos coloquios y congresos acerca de la lengua y literatura tanto a nivel nacional como internacional. Desde el 2002 participa en la Feria Internacional del Libro de Monterrey. Algunos de sus cuentos se incluyen en *Peregrinos y sus letras*, revista de la Universidad de Arizona. En septiembre de 2014 publicó su primer libro de ensayos.

Isaac Chavarría is a *pocho* with an M.F.A in Creative Writing from the University of Texas-Pan American. He enjoys assisting non-profit organizations in producing chapbooks for workshop participants. His poems can be found in *The Acentos Review* and *Rio Grande Review* online. His poetry book *Poxo* (Slough Press, 2013) received the inaugural 2014 NACCS-Tejas Poetry Award.

Nadia Contreras (Quesería, México) es autora de *Presencias* (Mantis editores, 2008) *Caleidoscopio* (Dirección Municipal de Cultura Torreón, 2013), *Visiones de la patria muerta* (El humo, 2014), *Cumplimiento de la voluntad* (Secretaría de Cultura del Gobierno del Estado de Coahuila, Colección Arena de Poesía, 2014), *Un viento [que] jamás. Urdimbre [de] cuerpos y palabras* (en coautoría con Marisol Vera Guerra [Ediciones BV, 2015]), entre otros libros de poesía.

Julieta Corpus es una escritora que busca capturar un sentimiento, un momento, una historia, una presencia, un sabor, un olor y una esencia dentro de un poema. Corpus, quien posee un M.F.A. en Escritura Creativa de la Universidad de Texas del Valle del Río Grande, considera que su propósito al escribir es "lograr suscitar una emoción con sus palabras".

Anakaren Dávila es una poeta novel que actualmente está inscrita en un programa de doble licenciatura en la Universidad de Texas en las siguientes especialidades: Lengua y Cultura de la Península Ibérica y Latinoamérica y Relaciones Públicas. Dávila considera que "todos fuimos creados con un fin diferente y personal y que debemos de contribuir a hacer del mundo un mejor lugar".

César Leonardo De León es un poeta que reside en la Ciudad de McAllen, Texas. De León está inscrito en el programa del M.F.A. en Escrita Creativa de la Universidad de Texas del Valle del Río Grande. Su poesía se ha publicado en diversas antologías tales como *The Border Crossed Us: An Anthology to End Apartheid*, *Juventud! Growing Up on the Border* y *Along the River 2: More Voices from the Rio Grande*.

Nephtali De León is a migrant worker from the Rio Grande Valley of Texas who followed the crops to cultivate gardens of the mind. Always late for the beginning of school due to his migrations, his formal education stopped at High School. In spite of this, his activist involvement soon had him as a speaker representing his community at a national level, while his artistic creations earned him the titles of poet, author and muralist painter. De Leon's literary works have been published in the U.S., Mexico, France, China and Spain. Furthermore, his literary creations have been translated into Russian, Chinese, Arabic, French, Catalan, Portuguese and Vietnamese.

Luis Adrián Esparza Anaya es gestor cultural, escritor y fotógrafo.

Ha participado en la Feria Municipal del Libro de Guadalajara y en varios encuentros de poesía joven en la República Mexicana. Esparza Anaya fungió como organizador tanto de la primera como de la segunda Jornada de Poesía en Voz Alta dentro del marco de la Feria Municipal del Libro y la Cultura. Esparza Anaya estudió artes visuales en la Universidad de Guadalajara y, actualmente, estudia una licenciatura en Administración, orientada en el área de políticas culturales, en la Universidad del Valle de México.

Andrea Flores (El Paso, Texas) es licenciada en Ciencias de la Comunicación por la Universidad Nacional Autónoma de México. Trabaja como redactora publicitaria (*copywriter*) para una agencia de publicidad y ejerce el periodismo de forma independiente. Actualmente, Flores está en el proceso de edición de su primer libro.

Norberto Flores (Guadalajara, México) se considera un "aprendiz de escritor". Flores ha participado en el "XII Encuentro de Escritores Voces en la Frontera" (McAllen, Texas) en homenaje a la escritora reynosense Graciela Ramos y fue invitado especial en las "Fiestas Fridah's 2015". Sus cuentos han sido publicados en diversas revistas electrónicas.

Porfirio Flores (Victoria, México), es un escritor novel que fungió como docente en escuelas agropecuarias del Estado de Tamaulipas durante 32 años. Jubilado de la Secretaría de Educación Pública (SEP), uno de los pasatiempos de Flores es escribir cuentos cortos y poemas basados en sus propias vivencias y en la vida cotidiana.

Odilia Galván Rodríguez, eco-poet, writer, editor and activist, is the author of five volumes of poetry, her latest being *The Nature of Things* (Merced College Press, 2016). She is also co-editor, along with the late Francisco X. Alarcón, of the anthology *Poetry of Resistance: Voices for Social Justice* (University of Arizona Press, 2016). She has worked as an editor for several magazines including the *Tricontinental Magazine* in Havana, Cuba. Galván Rodríguez also facilitates creative writing workshops nationally.

Gabriel Govea Acosta (Guadalajara, México), escritor jalisciense que reside en Colima, lugar donde estudió la licenciatura en Letras y Periodismo y la maestría en Literatura Hispanoamericana. Como becario de la Fundación Carolina, Govea Acosta estudió el Máster Oficial en Estudios Hispánicos en la Universidad de Cádiz, España. Ha publicado *Noctario* (Puertabierta Editores, 2012), *Al reverso del fuego* (Secretaría de Cultura) y *Breviario de mar* (Facultad de Letras y Comunicación). Asimismo, ha participado en congresos y festivales literarios en Canadá, EEUU, España, Cuba y Argentina.

María Luisa Govela (Victoria, México), escritora, periodista, traductora, docente y editora que posee licenciaturas en Literatura Hispánica y Lengua Inglesa, así como una Maestría en Educación. Govela ha participado en diversos congresos literarios tales como el "Encuentro Binacional Letras en el Estuario" y el "Encuentro de Escritores Voces en la Frontera".

Clara del Carmen Guillén (Comitán, México), es poeta, narradora, ensayista y compositora de canciones infantiles. Ha publicado *Bajo el Peldaño*, *Nocturno para despertar desvelos*, *Disfraz de los secretos*, *Raíz de Sol*, *Pasos bajo la luna*, *La duda de Melesmeles*, *Cascatiempo y sus vecinos* y *La puerta vedada*. Guillén ha sido acreedora al Premio de Poesía Ydalio Huerta Escalante (2002) para poetas del sureste mexicano y al Premio estatal de cuento Roberto López Moreno. Ha participado en ferias del libro y festivales literarios en Colombia, Cuba, Perú, Chile, México, entre otros países.

Dinorah Gutiérrez Andana (Parral, México) es periodista y poeta. Gutiérrez Andana obtuvo una Licenciatura en Ciencias de la Información con un posgrado en Desarrollo Humano y Valores. Ha participado en encuentros internacionales de mujeres poetas desde 1996. Su obra poética ha sido incluida en al menos 12 antologías. Algunos de sus poemas han sido traducidos al griego y al italiano. Gutiérrez Andana es autora de "Ciudad Promesa", cuento crítico sobre los procesos electorales en México.

Mariana Hernández Jalil o **"Marianhe Jalil"** (Veracruz, México) es autora de tres poemarios: *Una pizca de poemas para unas recetas de amor* (2003), *En un mínimo infinito* (2010) y *Con sabor a amar* (2010). Sus poemas han sido incluidos en diversas antologías de Perú, México, Argentina y España. Su poesía se caracteriza por ser libre y experimental, incluso ha incursionado en la poesía visual. A partir del 2012, ha participado en su ciudad natal en los primeros recitales eróticos. Su libro *En un mínimo infinito* ha sido traducido a las siguientes lenguas originarias: náhuatl, maya y zapoteco.

Ana Hinojosa (Matamoros, México), promotora cultural que escribe desde temprana edad. Fungió como instructora de padres y coordinadora de eventos en "Apasionados por la lectura" (*Family Literacy Program*), un programa cuya misión es fomentar la lectura y ayudar a los padres a guiar a sus hijos al éxito académico. En Brownsville, Texas, Hinojosa fundó el círculo de lectura "Expresiones literarias Writer's Club", espacio que permite la difusión de la poesía local y regional.

Rossy Evelin Lima (Veracruz, México), lingüista y traductora. Su poesía ha sido traducida al inglés, italiano y portugués. Recibió el premio Gabriela Mistral 2010 por la Sociedad Nacional Hispana Honorífica y el premio de Poesía Carta Altino, Italia 2015. La autora ha sido publicada en numerosas antologías y revistas literarias en España, Canadá, Estados Unidos, Argentina, Chile, Venezuela, Italia, Inglaterra y México. Lima ha sido invitada a participar en el Smithsonian Latino Night of the Dead Celebration y como presentadora TEDx McAllen. Coautora del primer libro para niños en Náhuatl en US. Su segundo poemario Aguacamino/Waterpath fue publicado por Mouthfeel Press, 2015. Lima es co-Fundadora del Festival Internacional de Poesía Latinoamericana FeIPoL, 2016.

Victoria Lopez is a poet and a novelist from the Rio Grande Valley. After having undergone a change of heart, she shifted her outlook on life and now strives to demonstrate the importance of exercising faith, hope and love in all that she does. Having considered herself a writer for the majority of her life, she began sharing her work via Instagram on her account @victoria.l.lopez. *Fire in May* is her first fiction novel as well as her first published work. Additionally, Victoria has built a local platform through her "Poetry on Demand" events.

Silvia Mar (Isla Mujeres, Quintana Roo), escritora, docente y editora. posee una maestría en Literatura Hispánica. Mar ha participado en diversos congresos literarios tales como el "Encuentro Binacional Letras en el Estuario" y el "Encuentro de Escritores Voces en la Frontera". Su poesía ha sido incluida en las antologías Outrage (Slough Press, 2015), Confusión de cuerpos (Alja, 2013), y en las revistas literarias Tierra Firme (McAllen, TX) y La Otra Costilla (Chile). Profesora de lenguaje y cultura, así como patrocinadora de la Sociedad Honoraria Hispánica.

Miriam Maldonado (Puerto Rico) es psicóloga, feminista, activista y escritora. Maldonado ha participado en diversos eventos literarios tales como "FESTIBA 2016" y "El Festival Internacional de Poesía y Arte Grito de Mujer". En 2015, Maldonado público en coautoría con Rossy Evelin Lima, Erika Said y Vanessa Torres el poemario *Fuego del Aire*.

Edna Ochoa es autora de Sombra para espejos, Respiración de raíces, La cerca circular Jirones de ayer, entre otros libros. Ha participado en antologías y revistas de poesía, teatro y cuento. Ha traducido al español las siguientes obras: Zoot Suit de Luis Valdez, How the Frog and His Friend Saved Humanity de Víctor Villaseñor y The Magic of Mariachi de Steven Schneider. Actualmente es profesora en la Universidad de Texas del Valle del Río Grande.

Amalia Ortiz, tejana poet and playwright, appeared on three seasons of Russell Simmons Presents Def Poetry on HBO. Amalia's book of poetry, *Rant. Chant. Chisme.* was selected by NBC Latino as one of "10 Great Latino Books of 2015." She also was chosen to speak at TEDx McAllen in 2015. She was awarded the Alfredo Cisneros Del Moral Foundation Grant from Sandra Cisneros and a writing residency at the National Hispanic Cultural Center. She is a CantoMundo Fellow and a Hedgebrook writer-in-residence alumna.

María Elena Padilla (Monterrey, Nuevo León) posee una Maestría en Enseñanza de las Ciencias (Matemáticas) por la UANL. A partir del 2013, participó en talleres literarios con escritores como Eduardo Zambrano, Dulce María González, Luis Aguilar, José Eugenio Sánchez, Patricia Laurent, entre otros. *Poesía en Rojo y Memoria del IV Encuentro de Escritores Marcianos* son dos antologías donde aparecen textos de su autoría.

Emmy Pérez (Santa Ana, California) is author of *With the River on Our Face* (University of Arizona Press, 2016) and *Solstice* (Swan Scythe Press, 2011 & 2003). She is a member of the Macondo Writers' Workshop founded by Sandra Cisneros for socially engaged writers, received the Alfredo Cisneros Del Moral Foundation Award in 2009, and was a CantoMundo fellow. She holds degrees from Columbia University and the University of Southern California. Pérez is an associate professor at the University of Texas Rio Grande Valley where she teaches in the M.F.A. in Creative Writing and Mexican American Studies programs.

Jesús Pérez De La Garza (Matamoros, México) ha residido en Texas desde el año 1972. Ha participado en eventos de difusión de la poesía local tales como "Poesía en Atril", "Una noche de palabras" y en las lecturas de poesía del grupo "Expresiones literarias Writer's Club". Pérez De La Garza es autor de *Mi vida, vidita mía 1 y 2*.

John Pluecker es escritor, intérprete, traductor y co-fundador del colaborativo Antena dedicado a la justicia de lenguaje y experimentación literaria. Su trabajo se nutre de las poéticas experimentales, las estéticas radicales y la producción cultural trans-fronteriza. Sus textos han aparecido en varias revistas en los EEUU y en México, incluyendo *The Volta, Mandorla, Aufgabe, eleven eleven, Third Text, Animal Shelter, HTMLGiant* y *Fence*. En 2016, Noemi Press publicó su libro de poesía e imágenes, *Ford Over*.

Brenda N. Riojas is a CantoMundo Fellow who hosts a weekly radio program, "Corazón Bilingüe," featuring interviews with writers. *La Primera Voz Que Oí* is her first collection of Spanish poetry. Her work has been published in a variety of publications including *New Border Voices: An Anthology*. She earned her M.F.A. from the University of New Orleans. An award-winning journalist and columnist, Riojas is currently the Diocesan Relations Director for the Diocese of Brownsville, where she also serves as the editor of *The Valley Catholic* newspaper.

Graciela Salazar Reyna (Monterrey, México), escritora desde la adolescencia, estudió Letras y Educación en el Arte. Se ha dedicado a enseñar literatura y español, así como a fomentar el gusto por la lectura a niños, jóvenes y adultos. Salazar Reyna ha publicado tres libros de poesía y, asimismo, ha coeditado dos antologías bilingües de escritores mexicanos y alemanes contemporáneos. Sus textos aparecen en antologías, periódicos y revistas locales, nacionales e internacionales.

Leticia Sandoval (León Gto. México) Escritor, poeta, promotora cultural. Actualmente vive en Nuevo León. Ha sido publicada en revistas y antologías en países como México, Chile, España e Israel. Es autora de los libros "Versos para no Dormir" (Primera edición 2008; Segunda edición 2009) "Versos par no Dormir solos" Primera edición 2012: Segunda edición 2016. Ha publicado en el festival Internacional Palabras en el Mundo, mayo 2011; la Antología "Poesía, aroma de Paz para la vida", en XXXII Word Academy of Art and Culture. Israel -2012; Cosmonauta, Monterrey, México. 2014; La Otra Costilla. San Bernardo Chile. 2014; La Antología Poesía y Narrativa Hispanoamericana del sigo XXI. Lord Byron Ediciones. Madrid, España. 2014

Eréndira Santillana (Valle Hermoso, México), promotora cultural, traductora y estudiante de posgrado. Es Licenciada en Lengua y Literatura Españolas por la Universidad de Texas en Brownsville. En el año 2015, Santillana formó parte del grupo de becarios de Sigma Delta Pi seleccionados para estudiar en el Instituto Franklin de la Universidad de Alcalá. Con el fin de formarse como docente de español, Santillana se matriculó en el curso "Didáctica de ELE: Iniciación teórico-práctica" impartido por la U. de Nebrija y el Instituto Cervantes. Santillana funge como Directora de Inscripciones de FeIPOL y como colaboradora en "Latino Book Review" y "Fragmentario".

Priscilla Celina Suárez is the 2015-17 McAllen Poet Laureate and has been a recipient of the Mexicasa Writing Fellowship. She has authored the Texas State Library's Bilingual Programs Chapter – allowing her an opportunity to gain experience in writing poetry, rhymes, and tongue twisters for children and teens. Most recently, Lina released an eBook titled Cuentos Wela Told Me: That Scared the Beeswax Out of Me!. Her poetry was included in ¡Juventud!: Growing up on the Border and Along the River III: Dark Voices from the Río Grande. In 2003, her work was selected by the Monitor staff as 'The Best Poetry of the Year'.

Javier Sierra creció en la frontera de Estados Unidos con México. Al vivir en lo que cataloga como un "exilio" desde temprana edad, surgió en él una "incansable pasión por lo otro, siempre confrontando el hecho de que al reconocer la existencia de lo otro se asume la propia identidad". Sierra comparte con FeIPOL y sus lectores sus reflexiones acerca de la otredad: "es clara la sensibilidad con la que trata la relación entre lo otro y lo propio. A pesar de que lo otro no forma parte de lo individual, hay un aspecto que altera la individualidad y hace que su desenvolvimiento quede afectado por esto. El extranjero no [es] extranjero si el local no lo concibe como tal".

Javier Tinajero R. Nacido el 19 de marzo de 1982 en la Ciudad de México, es autor de *Párpados y pájaros* (Amarcafé, 2014), *Poemas para encontrar el tiempo en una tarde de viernes* (Ediciones My amigo Tyler, 2015) y *El tiempo rueda* (Amarcafé, 2016).

Vanessa Torres (Bogotá, Colombia) es poeta y antropóloga. Graduada de antropología por la Universidad Nacional de Colombia, Torres ha combinado la investigación antropológica con la labor poética. Ha hecho publicaciones y colaboraciones para revistas literarias y de divulgación en España, Venezuela y Argentina. En el 2014 publicó en la selección de poetas hispanoamericanos del sur de Texas para la revista *Círculo de poesía*. Asimismo, algunas de sus obras fueron incluidas en la *Antología de Nueva Narrativa y Poesía Hispanoamericana del siglo XXI* (Madrid, Lord Byron Ed.). En el 2015, público en coautoría con Rossy Evelin Lima, Erika Said y Miriam Maldonado el poemario *Fuego del Aire*.

Eduardo Vargas López (Ciudad de México, México) es pintor, corista y poeta. Licenciado en Educación Primaria por la BENFT (2009), ha coordinado el taller de escritura infantil "Mis manos sonríen, mi lápiz canta", proyecto de Celeste Alba Iris (2007). Participó: en LSDDLP 2011 y 2014. Sus obras se han incluido en *Catarsis literaria y Ciudad de palabras: Poemas para andar por las calles* (Alja Ediciones). Además, ha publicado *Tópicos victorenses* (iTunes). Vargas López obtuvo el segundo lugar de poesía "Altaír Tejeda de Tamez" en el 2013 y el 2014. Asimismo, organizó junto con Noralliana Esparza el festival "100mil poetas por el cambio" en Ciudad Victoria (2015).

Javier Villarreal recibió una licenciatura y maestría en español de la Universidad de Texas Pan-American y un doctorado en Lingüística Hispánica de la Universidad de Texas en Austin. Su poemario *Entre lluvia, canto y flor* se publicó en el 2008. Su obra ha aparecido en diferentes revistas académicas y de creación literaria. En la actualidad prepara su segunda obra poética y se dedica a la traducción de poesía como medio de indagar y descubrir significados más profundos. Ejerció la docencia en La Universidad de Texas A&M-Corpus Christi.

Índice

www.ingramcontent.com/pod-product-compliance
Lightning Source LLC
Chambersburg PA
CBHW032010170626
46807CB00006B/2732